付き

はじめての
ジュニアサッカー

監修　malvaサッカースクール

成美堂出版

本書《ほんしょ》の使《つか》い方《かた》

解説《かいせつ》ページ　うまくなるコツや考《かんが》え方《かた》の情報《じょうほう》が満載《まんさい》!

試合《しあい》でも忘《わす》れないように、大切《たいせつ》なポイントを短《みじか》い言葉《ことば》でまとめている。

このページで取《と》り上《あ》げているテーマや大切《たいせつ》なことは、ここに載《の》っている。

DVDと連動《れんどう》している場《ば》合《あい》は、ここにチャプター番号《ばんごう》が載《の》っている。紙面《しめん》で紹介《しょうかい》している技術《ぎじゅつ》を動画《どうが》でも確認《かくにん》できるぞ。

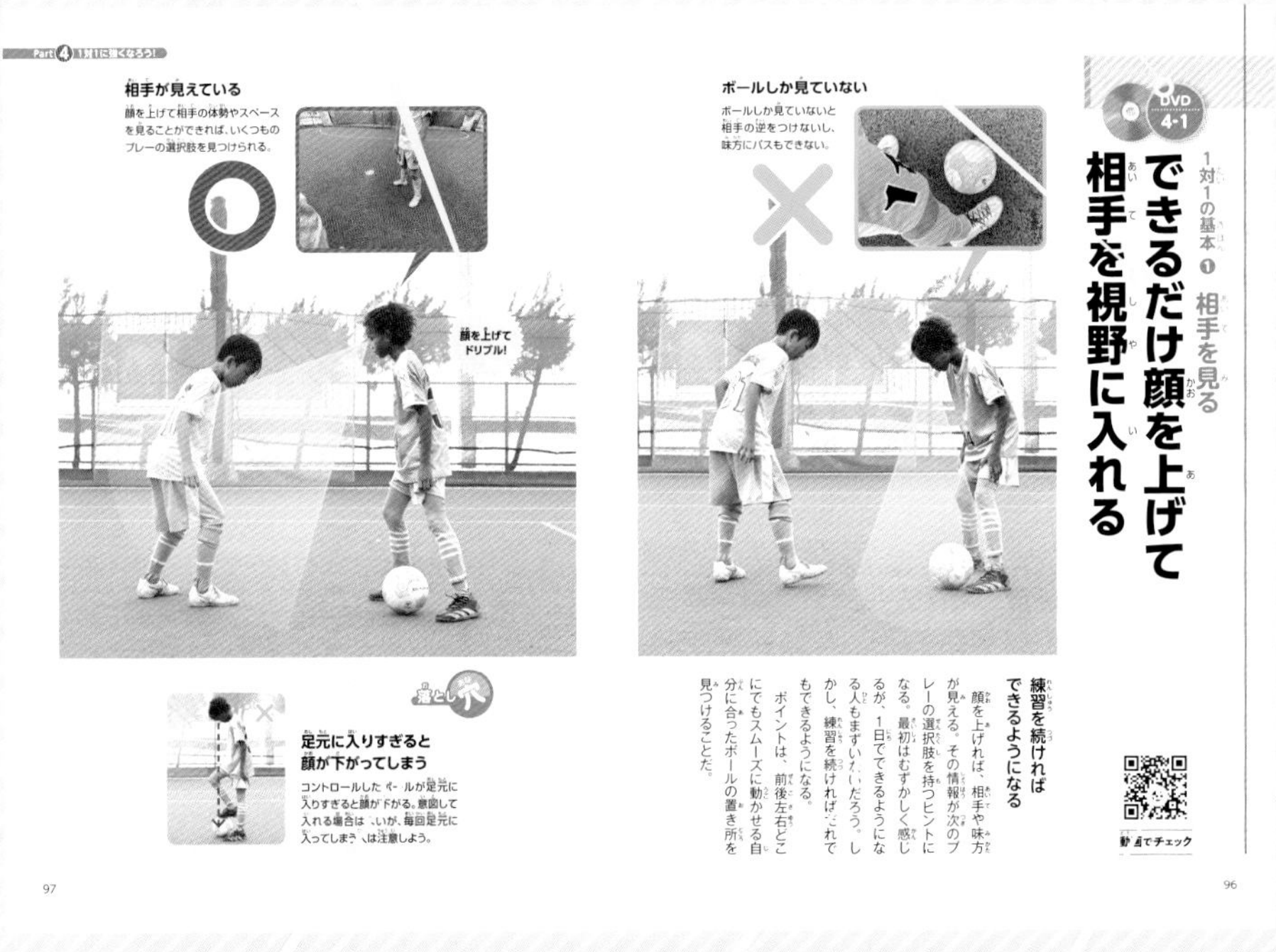
DVD 4-1
1対《たい》1の基本《きほん》❶ 相手《あいて》を見《み》る
できるだけ顔《かお》を上《あ》げて相手《あいて》を視野《しや》に入《い》れる
練習《れんしゅう》を続《つづ》ければできるようになる
顔《かお》を上《あ》げれば、相手《あいて》や味方《みかた》が見《み》える。その情報《じょうほう》が次《つぎ》のプレーの選択肢《せんたくし》を持《も》つヒントになる。最初《さいしょ》はむずかしく感《かん》じるが、1日《にち》でできるようになる人《ひと》もまずいないだろう。しかし、練習《れんしゅう》を続《つづ》ければだれでもできるようになる。
ポイントは、前後左右《ぜんごさゆう》どこにでもスムーズに動《うご》かせる自分《じぶん》に合《あ》ったボールの置《お》き所《ところ》を見《み》つけることだ。
動画でチェック
96
Part 4 1対1に強くなろう!
相手が見えている
顔を上げて相手の体勢やスペースを見ることができれば、いくつものプレーの選択肢を見つけられる。
顔を上げてドリブル!
ボールしか見ていない
ボールしか見ていないと相手の逆をつけないし、味方にパスもできない。
落とし穴
足元に入りすぎると顔が下がってしまう
コントロールしたボールが足元に入りすぎると顔が下がる。意図して入れる場合はいいが、毎回足元に入ってしまうのは注意しよう。
97

技術習得《ぎじゅつしゅうとく》のための「上達《じょうたつ》のコツ」、「落《お》とし穴《あな》」、「考《かんが》え方《かた》のヒント」、「ワンランク上《うえ》を目指《めざ》す」のいずれかを紹介《しょうかい》している。大切《たいせつ》なポイントが載《の》っているので見落《みお》とさないように!

写真《しゃしん》だけでもわかりやすいつくりになっているが、ここを読《よ》めばさらに理解《りかい》が深まる。

QRコードを読《よ》み込《こ》むと、紙面《しめん》で紹介《しょうかい》している技術《ぎじゅつ》をDVDと同《おな》じようにスマートフォンやタブレットでも確認《かくにん》できる。

ドリルページ　練習《れんしゅう》ドリルでレベルがぐんぐんアップ！

練習《れんしゅう》ドリルのねらいを紹介《しょうかい》。「何《なん》のためにこの練習《れんしゅう》をするのか」を知《し》ることで成長《せいちょう》がはやくなる。練習前《れんしゅうまえ》に必《かなら》ず確認《かくにん》しておこう。

チャプター番号《ばんごう》とQRコードを掲載《けいさい》。練習《れんしゅう》ドリルも動画《どうが》で確認《かくにん》できる。

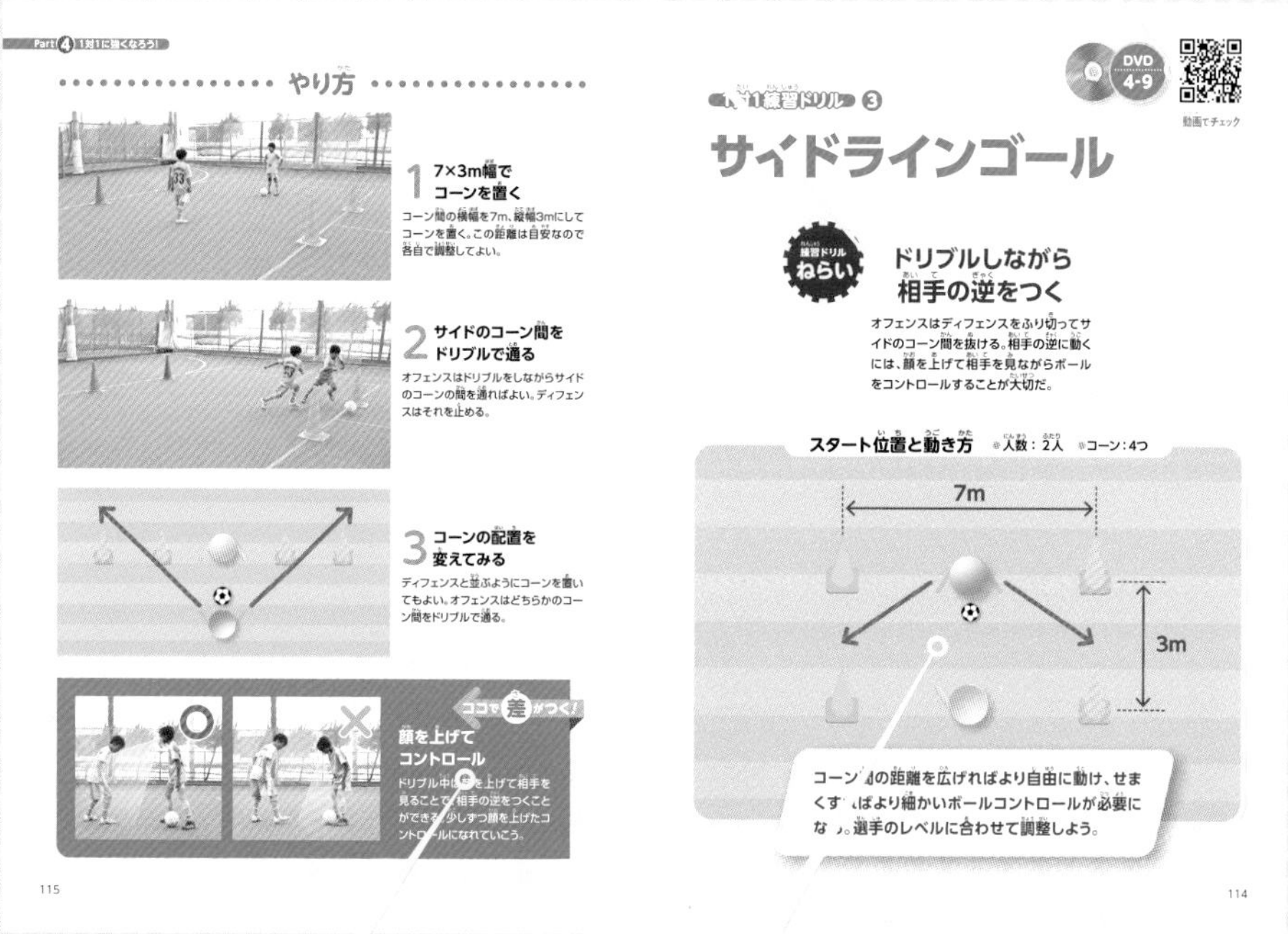
Part 4 1対1に強くなろう!
やり方
1 7×3m幅でコーンを置く
コーン間の横幅を7m、縦幅3mにしてコーンを置く。この距離は目安なので各自で調整してよい。
2 サイドのコーン間をドリブルで通る
オフェンスはドリブルをしながらサイドのコーンの間を通ればよい。ディフェンスはそれを止める。
3 コーンの配置を変えてみる
ディフェンスと並ぶようにコーンを置いてもよい。オフェンスはどちらかのコーン間をドリブルで通る。
ココで差がつく!
顔を上げてコントロール
115
DVD 4-9
動画でチェック
1対1練習ドリル 3
サイドラインゴール
練習ドリル ねらい
ドリブルしながら相手の逆をつく
オフェンスはディフェンスをふり切ってサイドのコーン間を抜ける。相手の逆に動くには、顔を上げて相手を見ながらボールをコントロールすることが大切だ。
スタート位置と動き方 ※人数：2人 ※コーン：4つ
7m
3m
選手のレベルに合わせて調整しよう。
114

練習《れんしゅう》ドリルのポイントや、ビギナーがおちいりやすいNG動作《どうさ》を紹介《しょうかい》している。

練習《れんしゅう》ドリルのスタート位置《いち》と動《うご》き方《かた》を説明《せつめい》している。コーン間《かん》の距離《きょり》などはレベルによって調整《ちょうせい》しよう。

その他《た》のページ　「準備《じゅんび》」や「おさらい」でポイントが整理《せいり》できる！

試合の準備
試合ではボールを持っていないときこそ顔を上げて周りを見る

各《かく》パートのはじめのページでは、そのパートで学《まな》ぶうえで知《し》っておきたい準備《じゅんび》や考《かんが》え方《かた》を紹介《しょうかい》している。

これだけは覚えておきたい
Part 2のおさらい

各《かく》パートの最後《さいご》のページでは、そのパートで紹介《しょうかい》した技術《ぎじゅつ》をまとめている。練習《れんしゅう》や試合前《しあいまえ》に見返《みかえ》そう。

DVDの特長《とくちょう》

40分収録

特長《とくちょう》1　本《ほん》と連動《れんどう》しているからわかりやすい！

試合の基本4　相手の視野から消えて受ける

連動《れんどう》

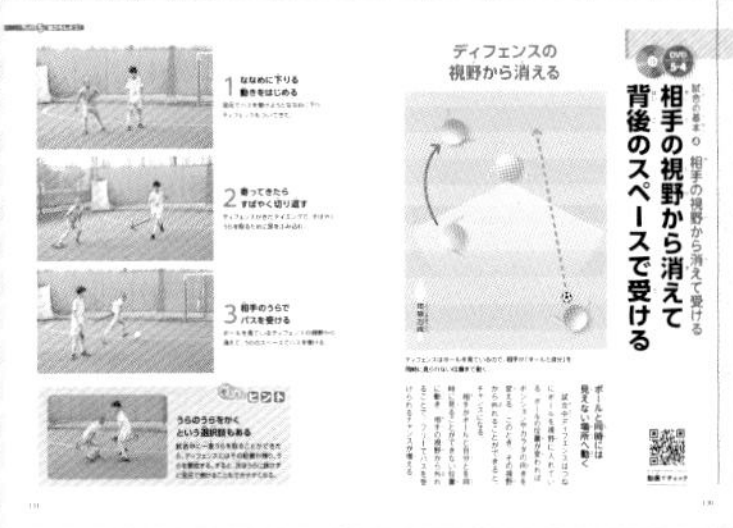
1 ななめに下りる動きをはじめる
2 寄ってきたらすばやく切り返す
3 相手のうらでパスを受ける
うらのうらをかくという選択肢もある
ディフェンスの視野から消える
相手の視野から消えて受ける
相手の視野から消えて背後のスペースで受ける
ボールと同時には見えない場所へ動く

紙面《しめん》右上《みぎうえ》にDVDマークがあるページは動画《どうが》と連動《れんどう》している。紙面《しめん》で細《こま》かい技術《ぎじゅつ》や考《かんが》え方《かた》を学《まな》び、DVDで動《うご》きを確認《かくにん》しよう。

特長《とくちょう》2　スロー再生《さいせい》で気《き》になるポイントをおさらい！

スロー再生でおさらい！
ななめに下りて受けると思わせて

動画《どうが》では大切《たいせつ》なポイントをスロー映像《えいぞう》で解説《かいせつ》している。通常《つうじょう》のスピードではわからないカラダの使《つか》い方《かた》なども確認《かくにん》しよう。

特長《とくちょう》3　練習《れんしゅう》ドリルもわかりやすい！

試合のための練習ドリル2　2対1＋GK
横にパスをするのかの

掲載《けいさい》している練習《れんしゅう》ドリルはすべて動画《どうが》でも見《み》ることができる。紙面《しめん》だけではわかりづらい動《うご》き方《かた》やリズム、テンポなどを参考《さんこう》にしよう。

DVDの使《つか》い方《かた》

メインメニュー

メインメニューで見《み》たいパートを選択《せんたく》。すべてを連続《れんぞく》で見《み》る場合《ばあい》は、メインメニュー下《した》にある「PLAY ALL」をクリックしよう。

各《かく》パートメニュー

すべてのチャプターを見《み》る場合《ばあい》は「PLAY ALL」をクリックし、チャプターをひとつだけ見《み》る場合《ばあい》は、そのチャプターをクリックしよう。

ストリーミング再生《さいせい》のご案内《あんない》

本書付属《ほんしょふぞく》DVDの動画《どうが》をストリーミング再生《さいせい》で視聴《しちょう》することができます。パソコンやスマートフォンなどから、下記《かき》URL、またはQRコードにアクセスしてください。

https://www.seibidoshuppan.co.jp/movie/9784415333885

※動画《どうが》をご視聴《しちょう》する際《さい》の通信費《つうしんひ》はお客様《きゃくさま》のご負担《ふたん》となります。
※本《ほん》サービスは予告《よこく》なく終了《しゅうりょう》することがありますのでご了承《りょうしょう》ください。

DVDビデオの取り扱い上のご注意　使用する前にお読みください

●このディスクにはコピーガード信号が入っています。そのためコピーすることはできません。
●ディスクは指紋、汚れ、キズ等をつけないようにお取り扱いください。
●ディスクが汚れたときは柔らかい布を軽く水で湿らせ、内周から外周に向かって放射状に軽くふき取ってください。レコード用クリーナーや薬剤等は使用しないでください。
●ひび割れや変形、また補修されたディスクは危険ですから絶対に使用しないでください。
●使用後は必ずプレーヤーから取り出し、専用ケースに収めてください。直射日光の当たる場所や高温、多湿の場所をさけて保管してください。
●ディスクの上に重いものを置いたり落としたりすると、ひび割れしたりする原因になります。

*本DVDビデオや本書において乱丁･落丁、物理的欠陥があった場合は、不良個所を確認後お取り替えいたします。必ず本書とDVDディスクを合わせてご返送ください。
*本DVDビデオおよび本書に関するご質問は、葉書か封書にて成美堂出版株式会社までお送りください。回答は普通郵便で発送いたします。お時間をいただくこともございます。なお掲載・収録内容を超えるご質問にはお答えできませんので、ご了承ください。

DVDビデオは、映像と音声を高密度に記録したディスクです。DVDビデオ対応のプレーヤーで再生してください。

DVD VIDEO　DOLBY DIGITAL　16:9 LB　ALL

DVD付《つ》き はじめてのジュニアサッカー

目《もく》次《じ》

※ 本書《ほんしょ》は原則《げんそく》として2023年12月《がつ》現在《げんざい》の情報《じょうほう》に基《もと》づいて編集《へんしゅう》しています。

ジュニアサッカーって

こんなスポーツ 1

JUNIOR SOCCER

スポーツの楽《たの》しさや相手《あいて》を思《おも》う気持《きも》ちが自然《しぜん》と育《はぐく》まれる！

ジュニアスポーツでは、目先《めさき》の勝利《しょうり》を追《お》い求《もと》めるだけではなく、すべての選手《せんしゅ》が試合《しあい》に出《で》て「楽《たの》しむ」ことが何《なに》よりも大切《たいせつ》です。当《とう》然《ぜん》ジュニアサッカーにも楽《たの》しむための工夫《くふう》がたくさんあります。

日本《にほん》サッカー協会《きょうかい》はジュニア年代《ねんだい》（U-12）には8人制《にんせい》を推奨《すいしょう》しています。コートに立《た》てる人数《にんずう》は一般的《いっぱんてき》なサッカーが各《かく》チーム11人《にん》なのに対《たい》し、ジュニアサッカーは8人です。コートは半分《はんぶん》ほどの大《おお》きさになり、試合時間《しあいじかん》は15〜20分《ぶん》ハーフを標準《ひょうじゅん》とします。交代人数《こうたいにんずう》に制限《せいげん》はなく、交代《こうたい》のタイミングも自由《じゆう》（GKを除《のぞ》く）となっています。

これによって、11人制《にんせい》サッカーよりも、多《おお》くの選手《せんしゅ》が試《し》合《あい》に出場《しゅつじょう》でき、同時《どうじ》に出場《しゅつじょう》した選手《せんしゅ》のボールにふれる機《き》会《かい》が格段《かくだん》に増《ふ》えます。

また、フェアプレーや、対《たい》戦相手《せんあいて》をたたえるなどのプレーや行動《こうどう》には、審判《しんぱん》から賞《しょう》賛《さん》や感謝《かんしゃ》を示《しめ》す「グリーンカード」が提示《ていじ》され、ジュニアサッカーを通《とお》して、ひとりの人《にん》間《げん》として成長《せいちょう》していけるような工夫《くふう》も施《ほどこ》されています。

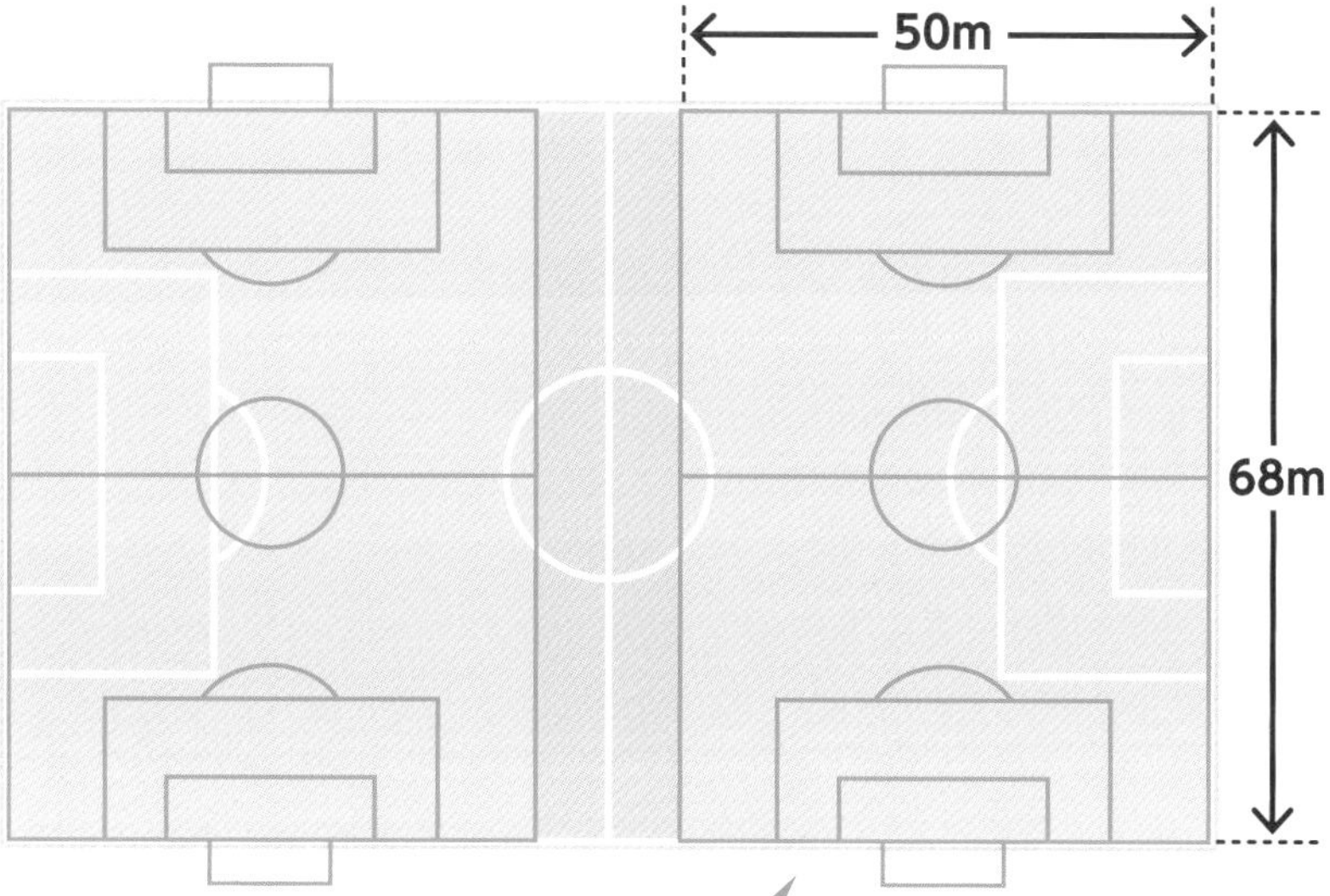

コートサイズの比較《ひかく》

日本《にほん》サッカー協会《きょうかい》が推奨《すいしょう》しているサイズは68m×50m。これは11人制《にんせい》サッカーコートを横《よこ》にしたとき、縦《たて》に2面《めん》取《と》れるサイズになる。

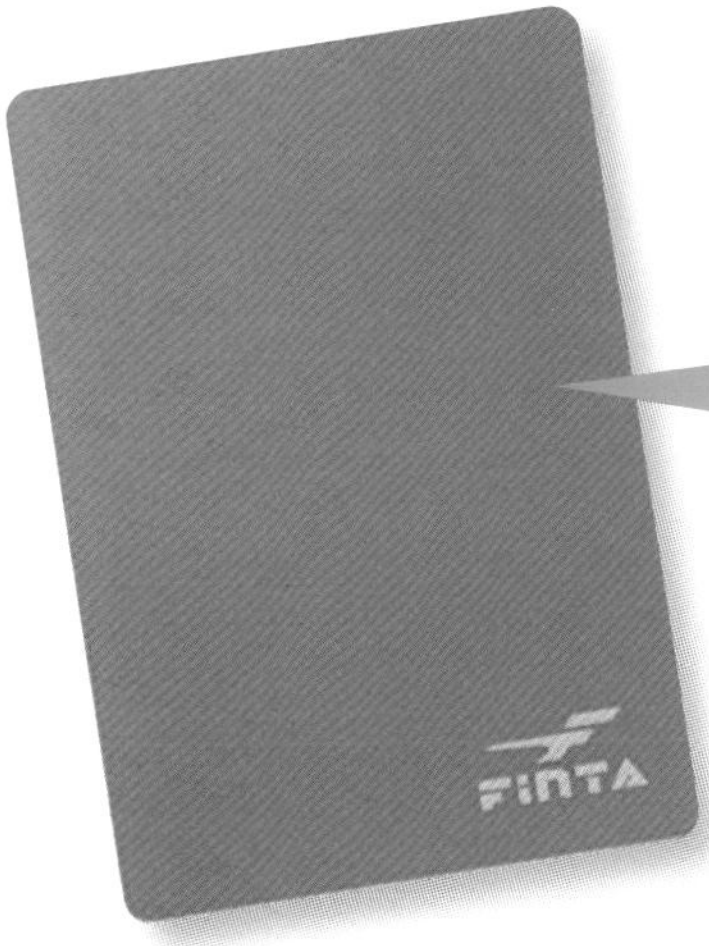

グリーンカード

日本《にほん》サッカー協会《きょうかい》では、ポジティブかつリスペクト溢《あふ》れる行動《こうどう》をしたときに、賞賛《しょうさん》や感謝《かんしゃ》を示《しめ》す方法《ほうほう》として、審判《しんぱん》がグリーンカードを示《しめ》すことを奨励《しょうれい》している。主《おも》に以《い》下《か》のような行動《こうどう》が該当《かくとう》する。

- チームとして共《とも》に努力《どりょく》する
- フィールド上《じょう》で互《たが》いに助《たす》け合《あ》う
- 常《つね》にフェアプレーを示《しめ》す
- よいスポーツマンシップを示《しめ》す
- 敗者《はいしゃ》も勝者《しょうしゃ》もたたえる
- 対戦相手《たいせんあいて》、チーム関係者《かんけいしゃ》、審判《しんぱん》員《いん》を大切《たいせつ》に思《おも》う

ジュニアサッカーって

こんなスポーツ ❷

相《あい》手《て》を観《かん》察《さつ》する力《ちから》や、すばやく判《はん》断《だん》する力《ちから》が養《やしな》われる！

サッカーは瞬《またた》く間《ま》に局《きょく》面《めん》が変《か》わります。選《せん》手《しゅ》には、その中《なか》で正《ただ》しい選《せん》択《たく》をすることが求《もと》められます。ボールを持《も》つ前《まえ》から自《じ》分《ぶん》の中《なか》で「このプレーをするんだ!」と決《き》めつけるのではなく、その瞬《しゅん》間《かん》、目《め》の前《まえ》の状《じょう》況《きょう》を見《み》て、いちばんよいプレーを選《えら》ばなければいけません。

相《あい》手《て》や周《まわ》りを観《かん》察《さつ》し、そこから必《ひつ》要《よう》な情《じょう》報《ほう》を拾《ひろ》い上《あ》げ、最《さい》適《てき》なプレーを選《せん》択《たく》するという頭《あたま》の使《つか》い方《かた》を習《しゅう》慣《かん》化《か》させるのです。

ジュニア年《ねん》代《だい》から、この言《い》わば「脳《のう》トレ」をすることで、観《かん》察《さつ》力《りょく》や情《じょう》報《ほう》の取《しゅ》捨《しゃ》選《せん》択《たく》能《のう》力《りょく》、決《けつ》断《だん》力《りょく》といった力《ちから》が自《し》然《ぜん》と養《やしな》われていきます。

これらの能《のう》力《りょく》は、そのサッカー選《せん》手《しゅ》をもう一《いち》段《だん》高《たか》い場《ば》所《しょ》へ引《ひ》き上《あ》げることになりますし、同《どう》時《じ》にひとりの大《おと》人《な》として社《しゃ》会《かい》に出《で》たときにも大《おお》いに役《やく》立《だ》つことになるでしょう。

ジュニアサッカーで自《し》然《ぜん》と養《やしな》われる力《ちから》

観《かん》察《さつ》力《りょく》

決《けつ》断《だん》力《りょく》

情《じょう》報《ほう》の取《しゅ》捨《しゃ》選《せん》択《たく》能《のう》力《りょく》

ジュニアサッカーでは、相《あい》手《て》や周《まわ》りを観《かん》察《さつ》し、そこから必《ひつ》要《よう》な情《じょう》報《ほう》を抜《ぬ》き出《だ》し、最《さい》適《てき》なプレーを選《せん》択《たく》するという頭《あたま》の使《つか》い方《かた》が身《み》につく。

JUNIOR SOCCER

人《ひと》の運動能力《うんどうのうりょく》には、ジュニア年代《ねんだい》の運動習慣《うんどうしゅうかん》が大《おお》きく影響《えいきょう》していることがわかっています。この時期《じき》にたくさんカラダを動《うご》かし、運動経験《うんどうけいけん》を積《つ》むことで、カラダを動《うご》かす神経回路《しんけいかいろ》がより発達《はったつ》します。

サッカーをしていると「走《はし》る」、「ける」、「跳《と》ぶ」といった運動《うんどう》をくり返《かえ》します。また率《そっ》先《せん》してゴールキーパーをおこなったり、練習《れんしゅう》をおこなう中《なか》で「投《な》げる」動作《どうさ》も経験《けいけん》できます。

さらに、一定《いってい》の時間《じかん》、力《ちから》を発揮《はっき》し続《つづ》ける持久力《じきゅうりょく》や、瞬間《しゅんかん》的《てき》に力《ちから》を発揮《はっき》する瞬発力《しゅんぱつりょく》、運《うん》動中《どうちゅう》でも姿勢《しせい》を正《ただ》しく保《たも》ったり、崩《くず》れた姿勢《しせい》を瞬時《しゅんじ》に正《ただ》

ジュニアサッカーって
こんなスポーツ③

持《じ》久《きゅう》力《りょく》や瞬《しゅん》発《ぱつ》力《りょく》、バランス能《のう》力《りょく》が養《やしな》われ運《うん》動《どう》が得《とく》意《い》になる！

しく修正《しゅうせい》するようなバランス能力《のうりょく》などが自然《しぜん》と養《やしな》われていきます。

　これらの能力《のうりょく》は、あらゆる運動《うんどう》で必要《ひつよう》になる基本《きほん》のようなものなので、ジュニア年《ねん》代《だい》からおこなうことで自身《じしん》の運動《うんどう》能力《のうりょく》の底上《そこあ》げにもなるでしょう。

ジュニアサッカーで強化《きょうか》されるフィジカル

持久力《じきゅうりょく》
（運動《うんどう》を続《つづ》ける力《ちから》）

瞬発力《しゅんぱつりょく》
（瞬間的《しゅんかんてき》に発揮《はっき》する力《ちから》）

バランス能力《のうりょく》
（姿勢《しせい》を保《たも》つ力《ちから》）

これらの能力《のうりょく》はサッカーに限《かぎ》らず、あらゆる運動《うんどう》で必要《ひつよう》なものなので、ジュニア年代《ねんだい》から取《と》り組《く》むことで自身《じしん》の運動能力《うんどうのうりょく》の底上《そこあ》げになる。

天然芝《てんねんしば》と人工芝《じんこうしば》、土《つち》によってシューズを使《つか》いわける

サッカーシューズは、大《おお》きく2つにわけられます。

ひとつは「サッカースパイク」です。これはうらにスタッドとよばれるイボイボがついているタイプです。滑《すべ》りづらいので天然芝《てんねんしば》や土《つち》のグラウンドに向《む》いています。ただし、スタッドは硬《かた》いので足腰《あしこし》への負《ふ》担《たん》もあります。また、人工芝《じんこうしば》では使用《しよう》できない場合《ばあい》もあるので注意《ちゅうい》が必要《ひつよう》です。

もうひとつは「トレーニングシューズ」です。これはトレーニングをするときだけに履《は》くわけではなく、試合《しあい》で着用《ちゃくよう》してもかまいません。

うらにゴム製《せい》の小《ちい》さい凹《おう》凸《とつ》があり滑《すべ》りづらくなっています。クッション性《せい》もあるので足腰《あしこし》への負担《ふたん》も軽減《けいげん》されます。まずはこのトレーニングシューズを購入《こうにゅう》するとよいでしょう。

主《おも》に天然芝《てんねんしば》で使《つか》う
スパイクシューズ

天然芝《てんねんしば》 ◎
人工芝《じんこうしば》 △
土《つち》 ◎

主《おも》に人工芝《じんこうしば》で使《つか》う
トレーニングシューズ

天然芝《てんねんしば》 △
人工芝《じんこうしば》 ◎
土《つち》 ○

Part 1

プレーの
準《じゅん》備《び》をしよう!

試合《しあい》が苦手《にがて》な
選手《せんしゅ》必見《ひっけん》！

いつも試合《しあい》で
かつやくする選手《せんしゅ》は
何《なに》を考《かんが》えながら
プレーしているのだろう？

試《し》合《あい》中《ちゅう》、みんなは〝何《なに》を〟〝いつ〟考《かんが》えてプレーしているだろうか? ひょっとしたら、何《なに》も考《かんが》えずに思《おも》いつきのままプレーしたり、ボールを受《う》けてからやることを考《かんが》えているという人《ひと》もいるだろう。

ここでは、いつも試《し》合《あい》でかつやくする選《せん》手《しゅ》が頭《あたま》の中《なか》で考《かんが》えていることをのぞいてみよう。これからサッカーをはじめる人《ひと》や、毎《まい》日《にち》練《れん》習《しゅう》をしているのに試《し》合《あい》で かつやくできないという人は、ぜひ知《し》っておいてほしい。この考《かんが》え方《かた》が身《み》につけば、すぐに試《し》合《あい》でかつやくできるようになるぞ!

試合《しあい》で かつやくする 選手《せんしゅ》が考《かんが》えている 3つのこと

プレーをするまでの3ステップ

ステップ1 相手《あいて》を見《み》る

次《つぎ》のプレーにかかわる目《め》の前《まえ》の相手《あいて》のカラダの向《む》きや周《まわ》りにいる味方《みかた》の位置《いち》などを確認《かくにん》する。

← 22ページへGO!

ステップ2 選択肢《せんたくし》を持《も》つ

ドリブルなのか、味方《みかた》へパスなのかなど、次《つぎ》のプレーの選《せん》択肢《たくし》を考《かんが》える。

← 24ページへGO!

プレーする

いつも試合《しあい》でかつやくする選手《せんしゅ》は、自分《じぶん》の前《まえ》にいるディフェンス、近《ちか》くの味方《みかた》やスペースなどに目《め》を向《む》け、次《つぎ》のプレーの選択肢《せんたくし》をいくつか考《かんが》え、その中《なか》から最適《さいてき》なものを選《えら》ぶ判断《はんだん》をしている。

3つのことを一瞬《いっしゅん》で考《かんが》えプレーしている！

ステップ3 判断《はんだん》する

選択肢《せんたくし》の中からプレーを選《えら》ぶ。リスクを取《と》るのか、安全《あんぜん》を優先《ゆうせん》するのかは試合《しあい》の状況次第《じょうきょうしだい》。

← 26ページへGO!

プレーは何《なに》も考《かんが》えずにおこなうのではなく、いつでも考《かんが》え、準備《じゅんび》をしておくことが大切《たいせつ》。

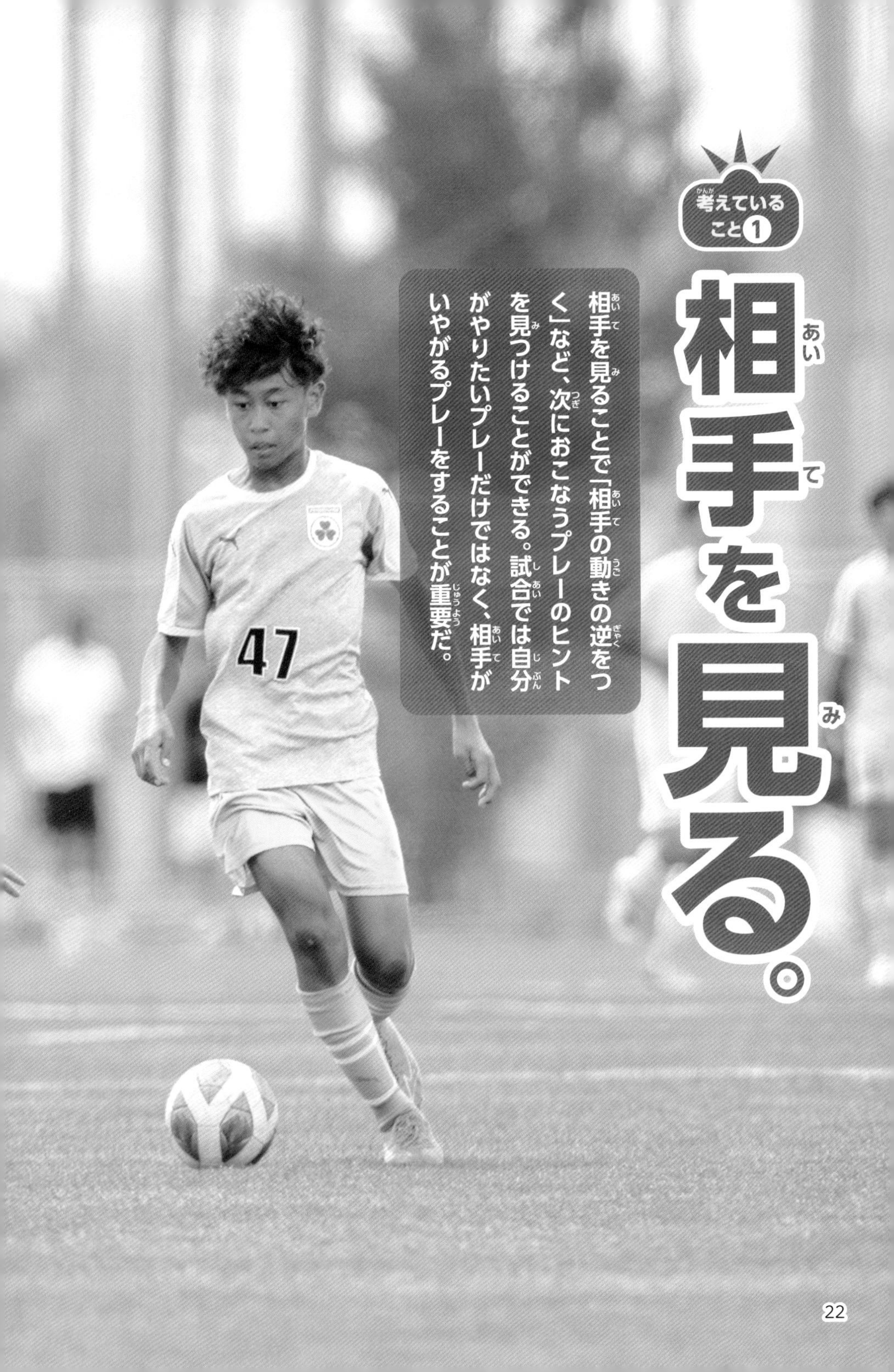

考《かんが》えていること1

相《あい》手《て》を見《み》る。

相《あい》手《て》を見《み》ることで「相《あい》手《て》の動《うご》きの逆《ぎゃく》をつく」など、次《つぎ》におこなうプレーのヒントを見《み》つけることができる。試《し》合《あい》では自《じ》分《ぶん》がやりたいプレーだけではなく、相《あい》手《て》がいやがるプレーをすることが重《じゅう》要《よう》だ。

✕

ボールしか見《み》ていない

足元《あしもと》のボールだけを見《み》ていると、目《め》の前《まえ》の相手《あいて》が見《み》えない。これではどの方向《ほうこう》へドリブルすればいいのか、周《まわ》りにフリーの味方《みかた》がいるのかがわからない。

○

相《あい》手《て》を見《み》る

顔《かお》を上《あ》げボールを見《み》ないでコントロールする。これができれば、周《まわ》りに目《め》を向《む》けられるので次《つぎ》のプレーのヒントをたくさん得《え》ることができる。

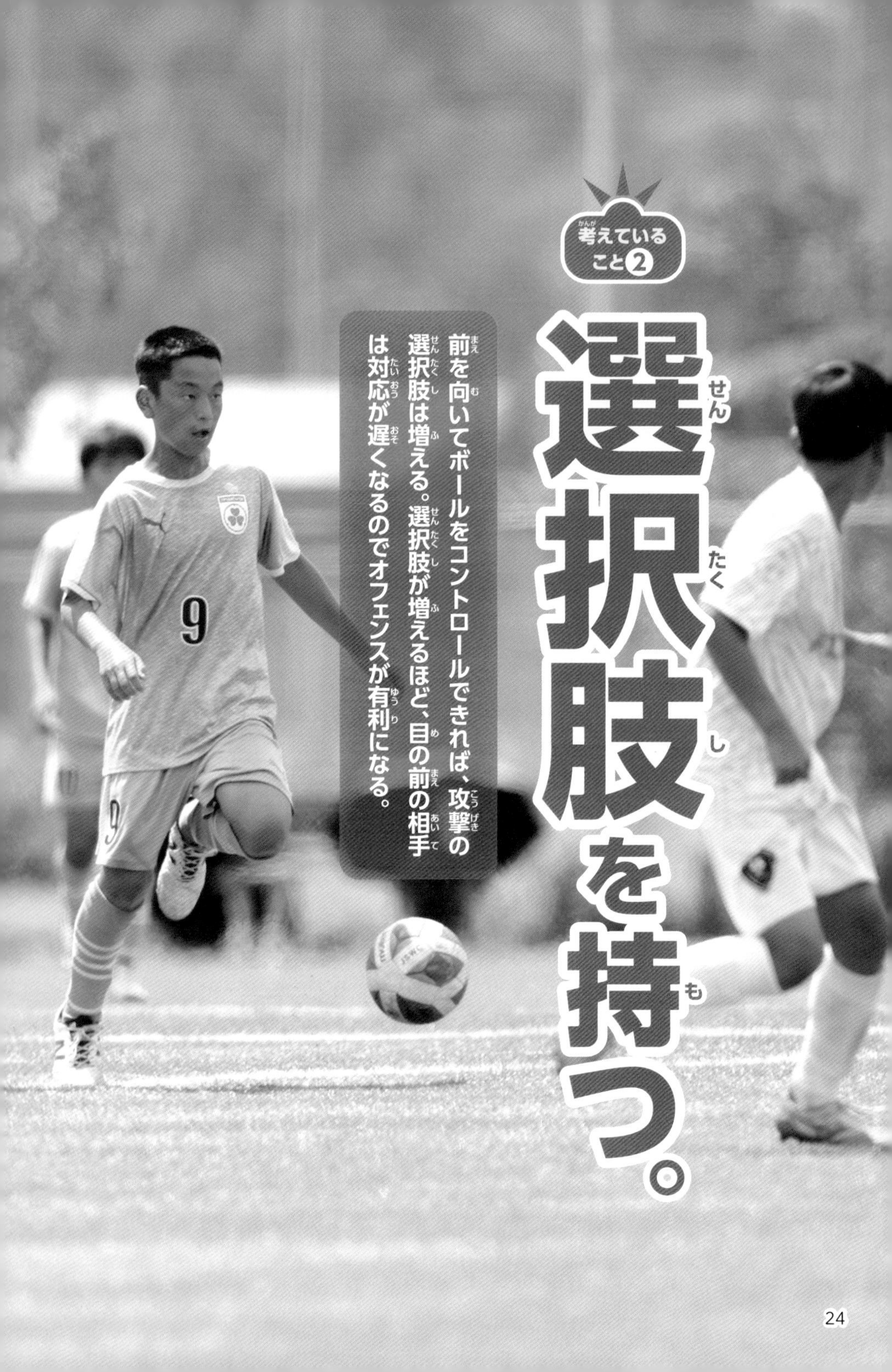

考《かんが》えていること②

選《せん》択《たく》肢《し》を持《も》つ。

前《まえ》を向《む》いてボールをコントロールできれば、攻撃《こうげき》の選択肢《せんたくし》は増《ふ》える。選択肢《せんたくし》が増《ふ》えるほど、目《め》の前《まえ》の相手《あいて》は対応《たいおう》が遅《おそ》くなるのでオフェンスが有利《ゆうり》になる。

×

相手《あいて》ゴールに背《せ》を向《む》けて受《う》ける

相手《あいて》ゴールに背《せ》を向《む》けてボールを受けると、前《まえ》が見《み》えないので次《つぎ》のプレーの選択肢《せんたくし》が限《かぎ》られる。また目《め》の前《まえ》の相手《あいて》も見《み》えないため、トラップぎわをねらわれやすい。

○

相手《あいて》ゴールを向《む》いて受《う》ける

前《まえ》を向《む》いてボールをコントロールできれば、目《め》の前《まえ》の相手《あいて》やフリーの味方《みかた》やゴール前《まえ》のスペースなどを見《み》られるため、次《つぎ》のプレーの選択肢《せんたくし》が増《ふ》える。

考《かんが》えていること③

判《はん》断《だん》をする。

オフェンスの目的《もくてき》はゴールをうばうことだが、必《かなら》ずしも前《まえ》に進《すす》むだけが正解《せいかい》ではない。前《まえ》にスペースがなければ、リスクを取《と》らず横《よこ》や後《うし》ろにパスをするという判《はん》断《だん》が正《ただ》しいこともある。

✕

ゴールだけを目《め》指《ざ》して前進《ぜんしん》

パスを受《う》けたあとの選択肢《せんたくし》が「ゴールに向《む》かってドリブル」しかない選手《せんしゅ》は多《おお》い。そうなると、ディフェンスがそろっていてもドリブルをしてしまう。

◯

横《よこ》パスから攻撃《こうげき》を組《く》み立《た》て直《なお》す

無理《むり》に中央突破《ちゅうおうとっぱ》するよりも、横《よこ》や後《うし》ろへボールを戻《おど》すことがよいときもある。何《なに》がいちばんゴールにつながるのか、試合《しあい》の流《なが》れを読《よ》んで判断《はんだん》できるようになりたい。

もっと知《し》りたい！

試《し》合《あい》でかつやくするためのQ&A

Q 相手《あいて》を見《み》るよゆうがない！どうすればいい？

A ボールを持《も》っていないときから顔《かお》を上《あ》げて周《まわ》りを見《み》るクセをつけよう！

試合《しあい》に集中《しゅうちゅう》していると、どうしても「ボールだけ」を目《め》で追《お》いかけがちになる。そしてそのままパスを受《う》け、そこではじめて相手《あいて》を見《み》ようとするので、よゆうがなくなってしまう。ボールを持《も》っていないときは、つねに相手《あいて》やスペースに目《め》を向《む》けるクセをつけよう。

Q 選択肢《せんたくし》は多《おお》い方《ほう》がいいの？

A 数《かず》の多《おお》さよりも成功確率《せいこうかくりつ》に差《さ》をつけよう！

うまくいけば相手《あいて》をかわせるけれど、たぶん成功《せいこう》しないという選択肢《せんたくし》をたくさん用意《ようい》しても意味《いみ》がない。かといって、安全《あんぜん》な選択肢《せんたくし》ばかりでは得点《とくてん》もとれない。そのため、安全《あんぜん》な選択肢《せんたくし》を1つ持《も》ったうえで、チャレンジする選《せん》択肢《たくし》を持《も》つなど、成功確率《せいこうかくりつ》に差《さ》をつけて用意《ようい》できるといい。

Q 判断《はんだん》をはやくするためにはどうすればいい？

A 練習《れんしゅう》をくり返《かえ》してプレー精度《せいど》を上《あ》げよう！

ドリブルやトラップ、キックなど一《ひと》つひとつのプレー精度《せいど》が上《あ》がれば、自信《じしん》もつき、よゆうをもって考《かんが》えることができるため、自然《しぜん》と判断《はんだん》もはやくなる。

プレー精度《せいど》が上《あ》がると

- プレーできる選択肢《せんたくし》の幅《はば》が広《ひろ》がる！
- 相手《あいて》を冷静《れいせい》に見《み》られる！
- 判断《はんだん》するスピードが上《あ》がる！

Q 何《なに》も考《かんが》えなくても得点《とくてん》できるけど、考《かんが》えないとダメ？

A 中学生《ちゅうがくせい》になったら壁《かべ》にぶつかる可能性《かのうせい》がある。

ジュニア年代《ねんだい》であれば、「足《あし》がはやい」、「カラダが大《おお》きい」という理由《りゆう》だけで試《し》合《あい》でかつやくできる選手《せんしゅ》もいる。だが、頭《あたま》で考《かんが》えるクセがないと、中学生《ちゅうがくせい》になり、自分《じぶん》と同《おな》じくらい足《あし》がはやい、カラダが大《おお》きい相手《あいて》と対戦《たいせん》するときにうまくいかなくなってしまうぞ。

サッカーのポジション 1

FW
フォワード

能力《のうりょく》：ポジショニング、シュート精度《せいど》

性格《せいかく》：落《お》ち着《つ》きがある、負《ま》けずぎらい

チームのために走《はし》り シュートを決《き》める！

相《あい》手《て》ゴールの近《ちか》くでポジショニングするのがフォワード。ボールが転《ころ》がってくるところにいられるポジショニングセンスや、ゴール四すみにけりわけるシュート精度《せいど》が求《もと》められる。またディフェンスでは、相手《あいて》に前《まえ》からプレッシャーをかけ、チームに守備《しゅび》のスイッチを入《い》れる役割《やくわり》もある。

相手《あいて》と競《せ》り合《あ》うポジションなので負《ま》けずぎらいな性格《せいかく》は向《む》いているが、すぐにカッとなるのはダメ。相手《あいて》やキーパーのうらをかける冷静《れいせい》さが必要《ひつよう》だ。さらにチームのために惜《お》しみなく走《はし》れる選手《せんしゅ》だとよいだろう。

Part 2
ドリブルをしよう!

ドリブルの準備《じゅんび》

できるだけ顔《かお》を上《あ》げて ドリブルできる方向《ほうこう》を 見《み》つけられるようになろう

試合《しあい》でドリブルを成功《せいこう》させるためには、パスを受《う》ける前《まえ》の準備《じゅんび》が大切《たいせつ》だ。
ドリブルする方向《ほうこう》をはじめから決《き》めないで、状況《じょうきょう》を見《み》て選《えら》べるようになろう。

ドリブルの準備《じゅんび》 1

自分《じぶん》の
ディフェンスは
この選手《せんしゅ》だな！

パスを受《う》ける前《まえ》に 相手《あいて》とスペースを見《み》る

パスを受《う》ける前《まえ》に、顔《かお》を上《あ》げて周《まわ》りを見《み》る。ドリブルをしたときにボールを取《と》りにくる相手《あいて》はだれか、スペースはどこにあるかなどを確認《かくにん》しておこう。

相手《あいて》がななめ
前《まえ》から来《き》たから
逆《ぎゃく》をつこう!

ドリブルの準備《じゅんび》 2

ドリブルできる方向《ほうこう》を考《かんが》える

周《まわ》りを見《み》たら、ドリブルできる方向《ほうこう》がいくつかあることがわかるはずだ。「相手《あいて》がいない方《ほう》へドリブル」、「スペースへドリブル」、「相手《あいて》を抜《ぬ》いてゴールを目指《めざ》すドリブル」などドリブルの選択肢《せんたくし》を考《かんが》える。

ドリブルの準備《じゅんび》 3

選択肢《せんたくし》の中《なか》からひとつを選《えら》ぶ

いくつかある選択肢《せんたくし》からひとつを選《えら》んでプレーする。縦《たて》に突破《とっぱ》することがむずかしいと感《かん》じたら、ボールを失《うしな》うリスクの低《ひく》い方向《ほうこう》へドリブルやパスをして、攻撃《こうげき》を組《く》み立《た》て直《なお》そう。

ディフェンスが
前《まえ》にいるから横《よこ》へ
ボールを運《はこ》ぼう!

知《し》っておきたい ドリブルの種類《しゅるい》

ドリブルには2種類《しゅるい》あるが まずは運《はこ》ぶドリブルをおぼえよう

顔《かお》を上《あ》げて スペースへ運《はこ》ぶ

「ドリブル」と聞《き》くと、どんなプレーをイメージするだろうか。多《おお》くの人《ひと》は、ディフェンスを抜《ぬ》くシーンを思《おも》い浮《う》かべることだろう。もちろん正解《せいかい》だ。これは「相手《あいて》を抜《ぬ》くドリブル」になる。

しかし、ドリブルにはもう1種類《しゅるい》ある。それは「スペースへ運《はこ》ぶドリブル」だ。

これは、ディフェンスがいない方向《ほうこう》へボールを運《はこ》ぶとき

Part4でおぼえる！

ドリブルの種類《しゅるい》 1

抜《ぬ》くドリブル

◎ 相手《あいて》がいる方《ほう》へ行《い》く
◎ スピードに変化《へんか》をつけたり、相手《あいて》の逆《ぎゃく》をつく

一瞬《いっしゅん》で相手《あいて》を抜《ぬ》き去《さ》るようなスピード、相手《あいて》の逆《ぎゃく》をつくフェイントなどが求《もと》められる。

まずはコレをおぼえる!

ドリブルの種類《しゅるい》2

運《はこ》ぶドリブル

◎ 相手《あいて》がいない方《ほう》へ行《い》く
◎ 顔《かお》を上《あ》げて周《まわ》りを見《み》る

ドリブルスピードよりも顔《かお》を上《あ》げたままボールをコントロールする技術《ぎじゅつ》が求《もと》められる。

に使《つか》う。ここでは、相手《あいて》や味方《みかた》、スペースをすばやく見《み》つけるために、スピードよりも、顔《かお》を上《あ》げたままボールを思《おも》い通《どお》りにコントロールする技術《ぎじゅつ》が必要《ひつよう》になる。まずはこのドリブルをしっかりと身《み》につけたい。

運《はこ》ぶドリブルとパスでゴール前《まえ》まで行《い》ける

なかには、抜《ぬ》くドリブルなしではシュートできないと思《おも》う人《ひと》もいるだろう。だが、みんなが正《ただ》しくポジショニングをとったうえで、スペースへボールを運《はこ》び、ディフェンスを誘《さそ》い出《だ》したら味方《みかた》へパスをするという攻撃《こうげき》をくり返《かえ》すと、どこかでフリーでシュートをするチャンスが訪《おとず》れるものだ。

DVD 2-1

ドリブルの基本《きほん》❶ 前《まえ》へのドリブル

足首《あしくび》を伸《の》ばしてボールを押《お》し出《だ》す

指《ゆび》のつけ根《ね》あたりでタッチ

ボールをけるのではなく、足首《あしくび》を伸《の》ばして指《ゆび》のつけ根《ね》あたりで押《お》し出《だ》すイメージでドリブルする。

相手《あいて》に取《と》られないドリブルを身《み》につける

ドリブルというと、ボールを前《まえ》にけり出《だ》して走《はし》って追《お》いかける人《ひと》がいる。これではボールがカラダからはなれてしまうので、ディフェンスにすぐ取《と》られてしまう。

指《ゆび》のつけ根《ね》あたりでボールを押《お》し出《だ》すようにすれば、カラダからボールがはなれづらくなる。ポイントは、ボールよりもカラダが先《さき》に前《まえ》へ行《い》く意識《いしき》でおこなうことだ。

動画《どうが》でチェック

ボールではなくカラダが先《さき》に行《い》く

ボールをけって追《お》いかけるのはダメ。カラダが先行《せんこう》して、ボールを押《お》し出《だ》すのが正《ただ》しいドリブルイメージだ。

落《お》とし穴《あな》

つま先《さき》で前《まえ》にけるのはダメ!

つま先《さき》でボールをけると、カラダから大《おお》きくはなれてしまう。これではディフェンスにボールを取《と》られてしまうぞ。

DVD 2-2

ドリブルの基本《きほん》❷ 目線《めせん》

相手《あいて》やスペースに目《め》を向《む》け ボールは瞬間的《しゅんかんてき》に見《み》る

× ボールだけ見続《みつづ》けてドリブル

ドリブルに不安《ふあん》があると、顔《かお》を下《さ》げてボールだけを見《み》てしまい、選択肢《せんたくし》が前《まえ》へのドリブルだけになる。

顔《かお》を上《あ》げたドリブルに少《すこ》しずつなれていこう

顔《かお》を上《あ》げるメリットは、目《め》の前《まえ》の相手《あいて》や背後《はいご》にあるスペースを見《み》られることにある。その情報《じょうほう》があれば、どの方向《ほうこう》にドリブルすればよいか、ドリブルよりパスがよいかなどいくつもの選択肢《せんたくし》を持《も》ちながらプレーできる。だが、ずっと顔《かお》を上《あ》げるわけではない。コントロール直後《ちょくご》や足《あし》からはなれそうなときは、瞬間的《しゅんかんてき》にボールを見《み》て置《お》き所《どころ》を正《ただ》す。

動画《どうが》でチェック

○ 相手《あいて》やスペースを見《み》て ドリブル

顔《かお》を上《あ》げることができれば、ボールを取《と》りにくる相手《あいて》やフリーの味方《みかた》を見《み》ることができるので、プレーの選択肢《せんたくし》が増《ふ》える。

考《かんが》え方《かた》のヒント

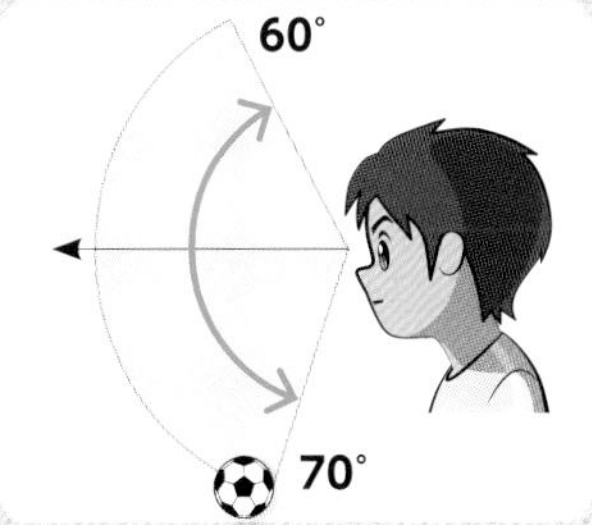

ボールは視野《しや》の片《かた》すみに置《お》いておく

人《ひと》の垂直方向《すいちょくほうこう》の視野《しや》は上《うえ》に約《やく》60度、下《した》に約《やく》70度《ど》といわれている。なれるまでは、顔《かお》を少《すこ》しだけ下《さ》げて下向《したむ》きの70度《ど》の範囲《はんい》にボールを置《お》いてコントロールしてみよう。

DVD 2-3

ドリブルの基本《きほん》③ 横《よこ》や後《うし》ろへのドリブル

足《あし》の内《うち》側《がわ》やうらを使《つか》ってボールを転《ころ》がす

後《うし》ろへのドリブル

足《あし》のうらを使《つか》ってボールを引《ひ》く。顔《かお》が下《した》を向《む》かないように注意《ちゅうい》しよう。

相手《あいて》からはなれてスペースへ運《はこ》ぶ

前《まえ》に進《すす》むだけがドリブルではない。目《め》の前《まえ》にディフェンスがいれば、横《よこ》や後《うし》ろのスペースへボールを運《はこ》ぼう。

そうすれば、ボールを取《と》られるリスクもへるし、新《あら》たにパスコースが見《み》つかるかもしれない。

そのためには足《あし》のうらやインサイドを使《つか》って、顔《かお》を上《あ》げたままドリブルできるようになるまでくり返《かえ》し練習《れんしゅう》しよう。

動画《どうが》でチェック

横《よこ》への ドリブル (足《あし》のうら)

足《あし》のうらを使《つか》ってボールを
なでるように横《よこ》へ転《ころ》がす。

横《よこ》への ドリブル (インサイド)

足《あし》の内側《うちがわ》(インサイド)を使《つか》
ってボールを横《よこ》へ押《お》し出《だ》す
ように転《ころ》がす。

落《お》とし穴《あな》

肩《かた》が力《りき》んで顔《かお》も下《さ》がる

ボールコントロールを意識《いしき》しすぎ
ると、カラダが力《りき》み、顔《かお》がどんどん
下《さ》がってくる。肩《かた》の力《ちから》を抜《ぬ》いてコン
トロールできるように練習《れんしゅう》しよう。

DVD 2-4

ドリブルの基本《きほん》 ❹ 方向転換《ほうこうてんかん》

足首《あしくび》をやわらかく使《つか》えば すぐに方向《ほうこう》を変《か》えられる

外《そと》へターン

➡ボールの内側《うちがわ》をタッチ

足《あし》の外側《そとがわ》(アウトサイド)をボールの内側《うちがわ》に当《あ》てれば、外《そと》へターンができる。

方向転換《ほうこうてんかん》は相手《あいて》もねらってくる

前《まえ》へ進《すす》むドリブルでは、足《あし》の指《ゆび》のつけ根《ね》でボールを押《お》し出《だ》すようにコントロールしていたが、方向転換《ほうこうてんかん》をするときは、足《あし》の内側《うちがわ》や外側《そとがわ》、または足《あし》のうらを使《つか》うとよい。

ただしタッチが強《つよ》くなると、ボールがカラダからはなれてしまう。当然《とうぜん》ディフェンスもそこをねらってくるので、足首《あしくび》をやわらかく使《つか》ってやさしくタッチをすること。

動画《どうが》でチェック

内《うち》へターン
➡ボールの外側《そとがわ》をタッチ

足《あし》の内側《うちがわ》(インサイド)をボールの外側《そとがわ》に当《あ》てれば、内《うち》へターンができる。

後《うし》ろへターン
➡ボールの上《うえ》を引《ひ》く

足《あし》のうらでボールを引《ひ》いてカラダを反転《はんてん》すれば、180度《ど》ターンができる。

考《かんが》え方《かた》のヒント

ボールを長《なが》く押《お》し出《だ》し ふれている時間《じかん》を増《ふ》やす

足《あし》の甲《こう》で押《お》し出《だ》す時間《じかん》が長《なが》いほど、ボールに長《なが》くふれていられるので、急《きゅう》な方向《ほうこう》転換《てんかん》などもおこないやすい。

連続写真《れんぞくしゃしん》で確認《かくにん》！ 前《まえ》へのドリブルから方向転換《ほうこうてんかん》

まっすぐから外《そと》へターン

1 顔《かお》を上《あ》げて、バランスよくまっすぐ立《た》ちながらドリブルできている。

2 外《そと》へターンをするために左足《ひだりあし》をボールの横《よこ》へふみ込《こ》んだ。

まっすぐから内《うち》へターン

1 肩《かた》に余計《よけい》な力《ちから》が入《はい》っておらず、自然《しぜん》な姿勢《しせい》でドリブルができている。

2 内側《うちがわ》へターンをするため、左足《ひだりあし》のつま先《さき》を進《すす》みたい方向《ほうこう》へふみ込《こ》んでいる。

まっすぐから外《そと》へターン

1 前《まえ》へのドリブルから後《うし》ろへターンするため、左足《ひだりあし》をボールの横《よこ》へふみ込《こ》んだ。

2 右足《みぎあし》のうらでボールを引《ひ》く。同時《どうじ》にカラダもすばやく反転《はんてん》させる。

4 ボールを大《おお》きくけり出《だ》すことなく、コントロールしやすい足元《あしもと》に置《お》いている。

3 左足《ひだりあし》で地面《じめん》をけりながら、右足首《みぎあしくび》をやわらかく使《つか》いボールの内側《うちがわ》をタッチ。

4 ボールを足元《あしもと》でコントロールしながら再《ふたた》びドリブルをはじめる。

3 右足《みぎあし》のインサイドでボールの外側《そとがわ》をタッチして方向転換《ほうこうてんかん》。

4 再《ふたた》びボールを足元《あしもと》でコントロールして、ドリブルをはじめる。

3 後《うし》ろに引《ひ》いたボールがはなれないうちに、左足《ひだりあし》で地面《じめん》をけってターン。

試合《しあい》ではこんな感《かん》じ　前《まえ》へのドリブルから方《ほう》向《こう》転《てん》換《かん》

スペースへ方《ほう》向《こう》転《てん》換《かん》

1　中盤《ちゅうばん》でパスを受《う》け、スペースとディフェンス位置《いち》を確認《かくにん》してドリブル開始《かいし》。

2　顔《かお》を上《あ》げているので、右《みぎ》からディフェンスが足《あし》を出《だ》してきたこともすぐに気《き》がついた。

方《ほう》向《こう》転《てん》換《かん》で相《あい》手《て》を抜《ぬ》く

1　左《ひだり》ラインぎわをドリブルでかけ上《あ》がる。ディフェンスは横《よこ》から寄《よ》せてきた。

2　ディフェンスが近《ちか》づいてきたタイミングでボールの外側《そとがわ》をタッチ。

方《ほう》向《こう》転《てん》換《かん》からパス

1　ディフェンス2人《ふたり》を置《お》き去《ざ》りにしてスピードに乗《の》ったドリブルをしている。

2　スピードに乗《の》ったドリブルから一気《いっき》にスピードを落《お》とした。

4 ディフェンスをさけて、ななめ前《まえ》のスペースへ向《む》かってドリブルを続《つづ》けた。

3 足首《あしくび》をやわらかく使《つか》いボールの外側《そとがわ》をタッチすることで内側《うちがわ》へ方向転換《ほうこうてんかん》。

4 方向転換《ほうこうてんかん》で相手《あいて》を抜《ぬ》き、顔《かお》を上《あ》げてドリブルを続《つづ》けた。

3 相手《あいて》の股《また》にボールを通《とお》して内側《うちがわ》へ方向転換《ほうこうてんかん》した。

4 方向転換《ほうこうてんかん》したことで、けりやすい位置《いち》にボールを置《お》け、前《まえ》の味方《みかた》へパスを通《とお》した。

3 足首《あしくび》をやわらかく使《つか》いボールの内側《うちがわ》をタッチして外側《そとがわ》へ方向転換《ほうこうてんかん》。

ドリブル練習《れんしゅう》ドリル ❶

DVD 2-5

動画《どうが》でチェック

8の字《じ》ドリブル

練習《れんしゅう》ドリル ねらい

細《こま》かいタッチを おぼえる

運《はこ》ぶドリブルでは大《おお》きくけり出《だ》すのではなく、すぐに方向転換《ほうこうてんかん》できるように細《こま》かくタッチすることが大切《たいせつ》。コーン間《かん》のタッチ回数《かいすう》をできるだけ多《おお》くすることを意識《いしき》しよう。

スタート位置《いち》と動《うご》き方《かた》

●人数《にんずう》：1人《ひとり》 ●コーン：2つ

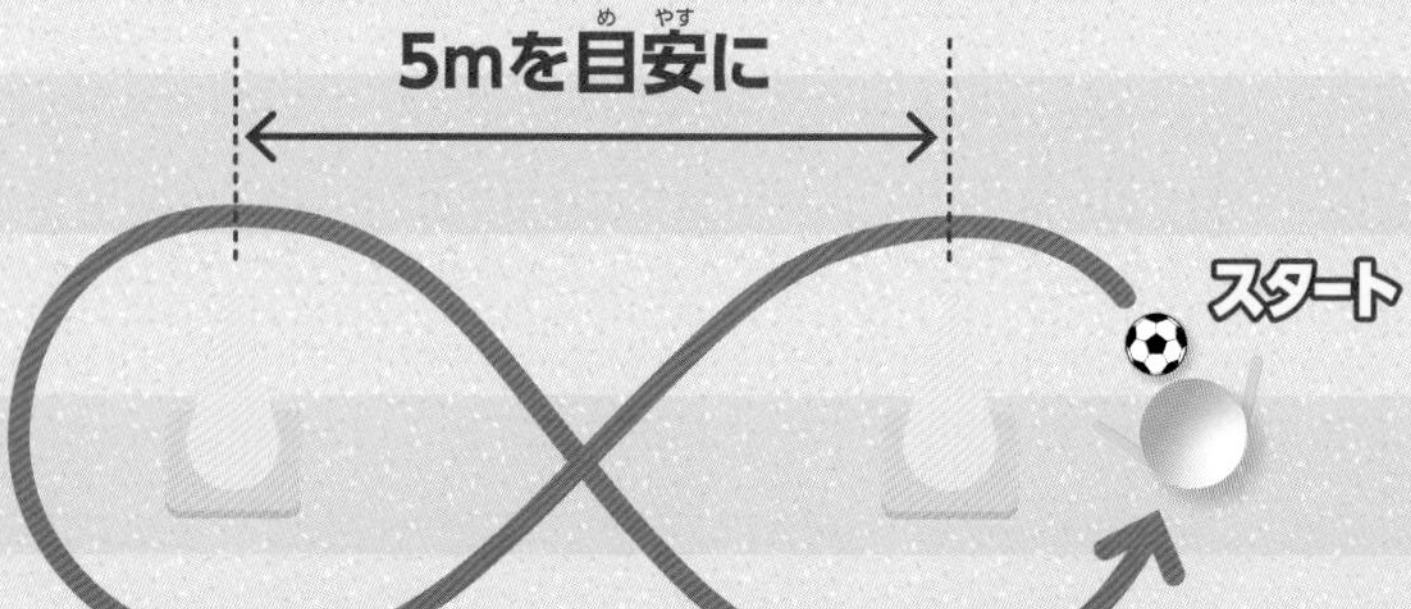

コーン間《かん》の距離《きょり》は5mを目安《めやす》にする。ここでは「スピード」よりも「正確《せいかく》さ」を意識《いしき》。この距離《きょり》になれてきたら次《つぎ》のドリルに進《すす》む。

やり方《かた》

1 5m幅《はば》でコーーンを置《お》く

長《なが》すぎるとコーンを回《まわ》る練習《れんしゅう》にならないので、長《なが》くても5m程度《ていど》がよい。

2 コーンは小《ちい》さく回《まわ》る

コーン間《かん》を「8の字《じ》」にできるだけ小《ちい》さく回《まわ》る。また、顔《かお》を上《あ》げてタッチ数《すう》をできるだけ多《おお》くすることを意識《いしき》する。

3 条件《じょうけん》をつけておこなう

なれてきたら、

- 「片方《かたほう》の足《あし》だけ」
- 「インサイドだけ」
- 「アウトサイドだけ」

など条件《じょうけん》をつけてみよう。

ココで差《さ》がつく!

できるだけ細《こま》かくタッチ

つま先《さき》ではなく足《あし》の甲《こう》を使《つか》い、細《こま》かくタッチしてカラダからボールがはなれないようにする。

ドリブル練習《れんしゅう》ドリル ②

DVD 2-6

動画《どうが》でチェック

ジグザグコーンドリブル

練習《れんしゅう》ドリル ねらい

顔《かお》を上《あ》げながら 細《こま》かいタッチを続《つづ》ける

コーンが連続《れんぞく》しているので、顔《かお》を上《あ》げて先《さき》のコーンを見《み》ないとぶつかってしまう。その中《なか》でいかにタッチを細《こま》かくできるか、チャレンジしよう。

スタート位置《いち》と動《うご》き方《かた》

●人数《にんずう》：1人《ひとり》　●コーン：3〜5つ

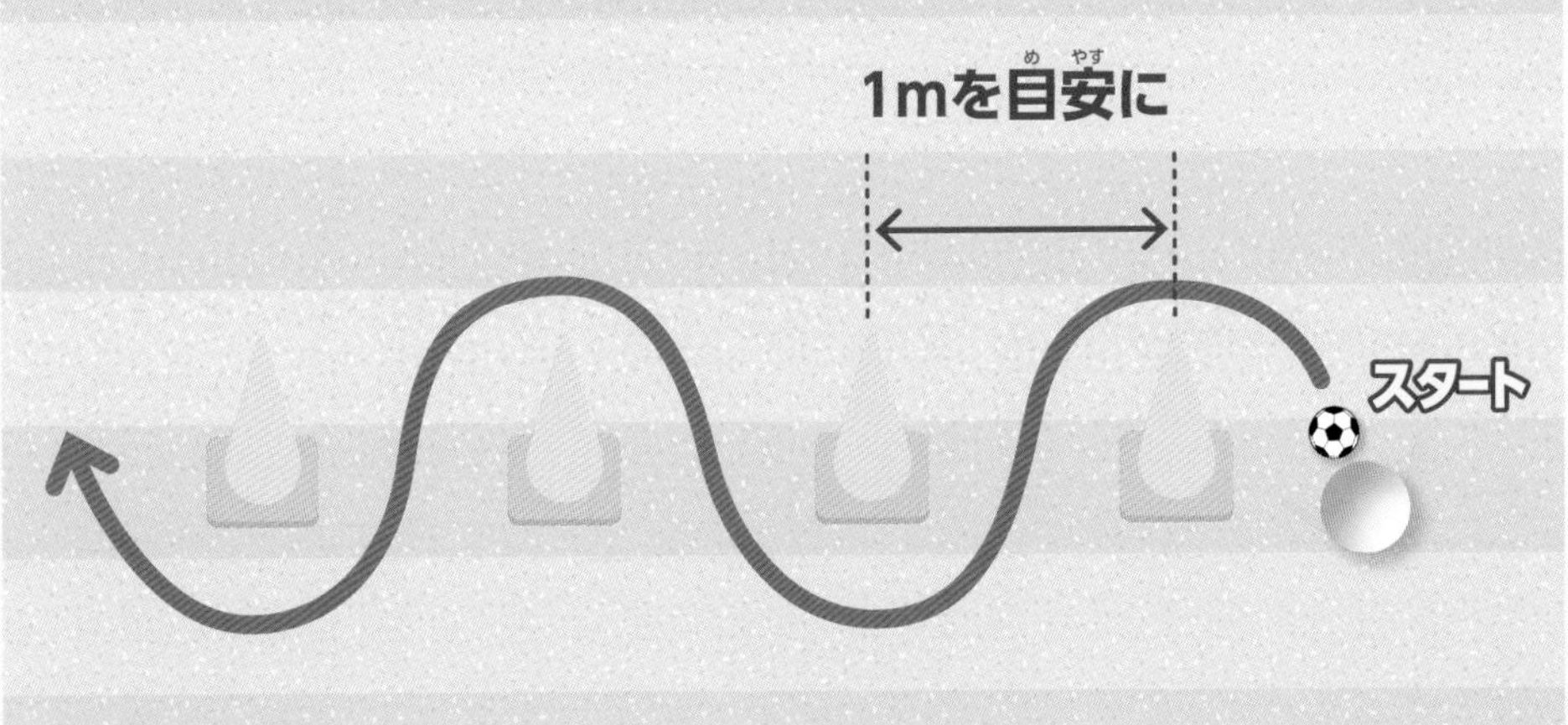

コーン間《かん》の距離《きょり》は1mを目安《めやす》にするが、距離《きょり》をつめるほど細《こま》かいタッチが求《もと》められるので、選手《せんしゅ》のレベルに合《あ》わせて調整《ちょうせい》する。

やり方《かた》

1 1m幅《はば》でコーンを並《なら》べる

コーンの数《かず》は3～5つほど。コーン幅《はば》が広《ひろ》すぎると練習《れんしゅう》にならないので1m程《てい》度《ど》にする。

2 細《こま》かいタッチでドリブル

ドリブルスピードを上《あ》げるよりも、細《こま》かいタッチでおこなうことを優先《ゆうせん》。そのうえで顔《かお》を上《あ》げる。

3 条件《じょうけん》をつける

なれてきたら、

- 「右足《みぎあし》だけ」、「左足《ひだりあし》だけ」
- 「コーンの前《まえ》でダブルタッチ」

など条件《じょうけん》をつけてみよう。

ココで差《さ》がつく!

試合《しあい》をイメージして顔《かお》を上《あ》げてドリブル

コーンをディフェンスだと思《おも》って、顔《かお》を上《あ》げてドリブルをするクセをつけよう。

DVD 2-7

動画《どうが》でチェック

ドリブル練習《れんしゅう》ドリル ③

緩《かん》急《きゅう》コーンドリブル

練習《れんしゅう》ドリル ねらい

タッチの使《つか》いわけをおぼえる

コーン間《かん》は大《おお》きなタッチでスピードを上《あ》げる。コーンを回《まわ》るときは細《こま》かいタッチで小《ちい》さく回《まわ》る。大《おお》きなタッチのあとにどれだけ細《こま》かくタッチができるかがポイントになる。

スタート位置《いち》と動《うご》き方《かた》

●人数《にんずう》：1人《ひとり》　●コーン：6つ以上《いじょう》

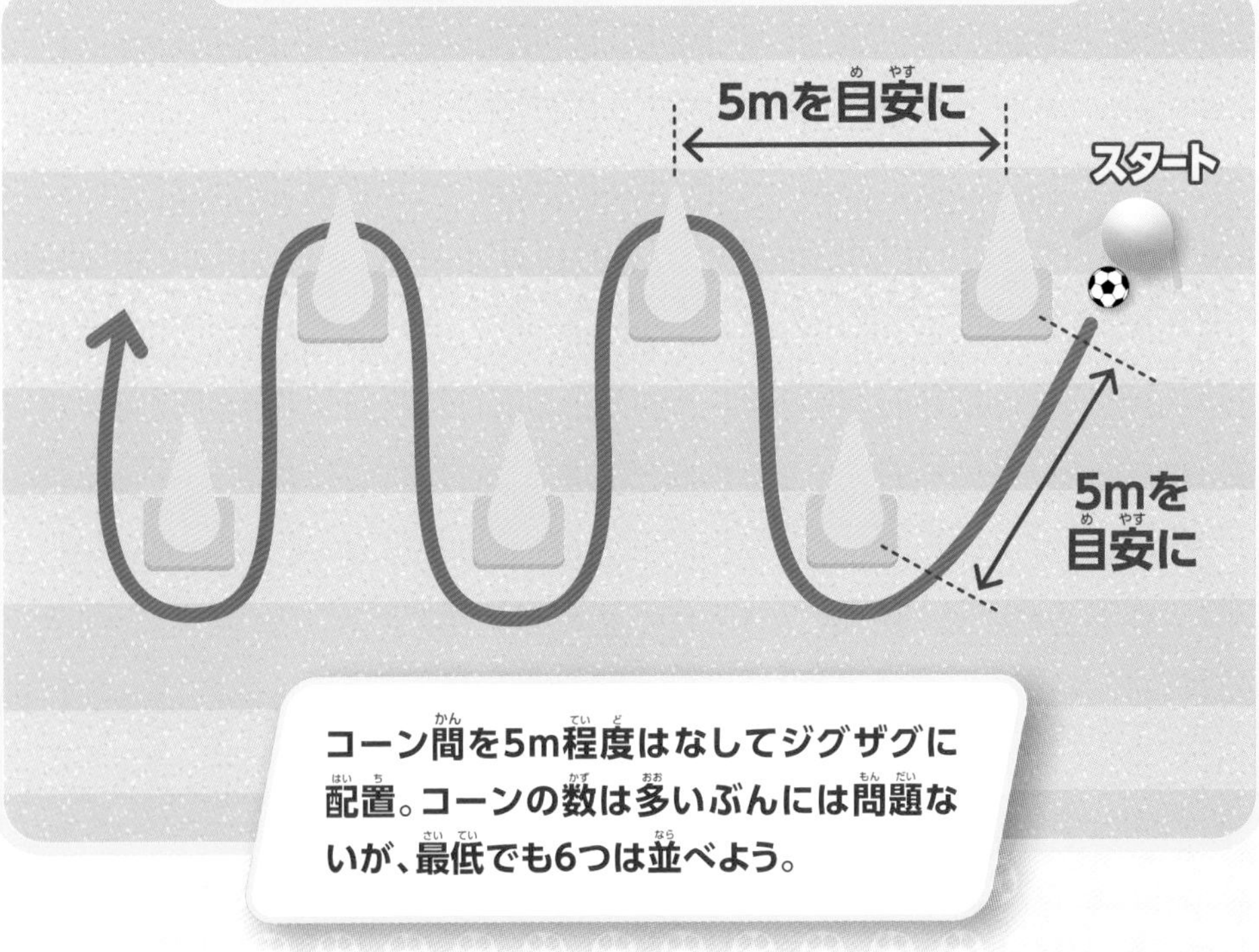

コーン間《かん》を5m程度《ていど》はなしてジグザグに配置《はいち》。コーンの数《かず》は多《おお》いぶんには問題《もんだい》ないが、最低《さいてい》でも6つは並《なら》べよう。

やり方《かた》

1 ジグザグに コーンを置《お》く

コーン幅《はば》が5m程《てい》度《ど》になるようにジグザグにコーンを並《なら》べる。

2 コーン間《かん》は スピードアップ

コーン間《かん》は足《あし》の甲《こう》でボールをやや大《おお》きく押《お》し出《だ》してスピードを上《あ》げてドリブルする。

3 コーンは 小《ちい》さく回《まわ》る

コーンを回《まわ》るときは細《こま》かいタッチで小《ちい》さく回《まわ》る。ドリブルにスピード差《さ》をつけることを意《い》識《しき》しよう。

ココで差《さ》がつく!

足《あし》首《くび》をやわらかく 使《つか》ってタッチする

小《ちい》さく回《まわ》るには、大《おお》きなタッチのあとの最《さい》初《しょ》のタッチで、足《あし》首《くび》をやわらかく使《つか》いボールを正《せい》確《かく》にコントロールすることが大《たい》切《せつ》になる。

練習《れんしゅう》や試合前《しあいまえ》に思《おも》い出《だ》そう!

これだけは覚《おぼ》えておきたい Part 2のおさらい

ドリブルするときの最優先《さいゆうせん》はゴールに向《む》かう縦突破《たてとっぱ》だが、目《め》の前《まえ》にディフェンスがいるときは、無理《むり》をせず横《よこ》やスペースへ運《はこ》ぶドリブルも選択肢《せんたくし》に入《い》れておこう。

おさらい ❶

選択肢《せんたくし》のひとつは運《はこ》ぶドリブル

◎ドリブルには「相手《あいて》を抜《ぬ》くドリブル」と「スペースへ運《はこ》ぶドリブル」がある。

◎相手《あいて》を抜《ぬ》くことがむずかしい場合《ばあい》は、運《はこ》ぶドリブルで局面《きょくめん》を変《か》える。

相手《あいて》を抜《ぬ》くドリブル

スペースへ運《はこ》ぶドリブル

おさらい ❷

顔《かお》を上《あ》げて相手《あいて》とスペースを見《み》る

◎ドリブルをする前《まえ》に顔《かお》を上《あ》げ、相手《あいて》やスペースの場所《ばしょ》を確認《かくにん》する。

◎抜《ぬ》くドリブル、運《はこ》ぶドリブル、パスの中《なか》から状況《じょうきょう》を見《み》てひとつ選択《せんたく》する。

顔《かお》を上《あ》げる!

相手《あいて》やスペースを見《み》る!

おさらい ❸

細《こま》かいタッチと方向転換《ほうこうてんかん》を使《つか》う

◎ドリブルは大《おお》きくけり出《だ》さず、押《お》し出《だ》すように細《こま》かくタッチする。

◎足首《あしくび》をやわらかく使《つか》って方向転換《ほうこうてんかん》をする。

ボールは押《お》し出《だ》す!

足首《あしくび》はやわらかく!

サッカーのポジション 2

MF ミッドフィルダー

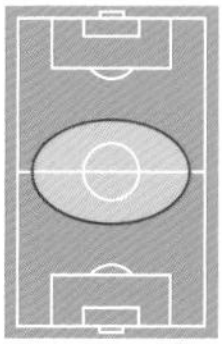

能力《のうりょく》：広《ひろ》い視野《しや》、ボールコントロール

性格《せいかく》：機転《きてん》がきく、気配《きくば》りができる

ピッチ全体《ぜんたい》を見渡《みわた》し 攻守《こうしゅ》のバランスを保《たも》つ！

ピッチの中央《ちゅうおう》にポジショニングするのがミッドフィルダー。自分《じぶん》の前後《ぜんご》には選手《せんしゅ》がいるので、ピッチを広《ひろ》く見渡《みわた》せる視野《しや》が必要《ひつよう》だ。

オフェンス時《じ》は、試合《しあい》の流《なが》れを読《よ》んで攻撃《こうげき》を組《く》み立《た》てる判断力《はんだんりょく》や、せまい場所《ばしょ》で正確《せいかく》にボールをあつかうコントロール能力《のうりょく》が求《もと》められる。ディフェンス時《じ》は、抜《ぬ》かれた仲間《なかま》のカバーに入《はい》ったり、ディフェンダーと協力《きょうりょく》して相手《あいて》をはさんだりと、自分《じぶん》の周《まわ》りだけではなく、ピッチを広《ひろ》く見《み》て動《うご》く必要《ひつよう》がある。ミッドフィルダーは、体力《たいりょく》だけではなく、頭《あたま》も使《つか》って攻守《こうしゅ》にわたってかつやくが求《もと》められるポジションだ。

Part 3
キック&
コントロールを
しよう!

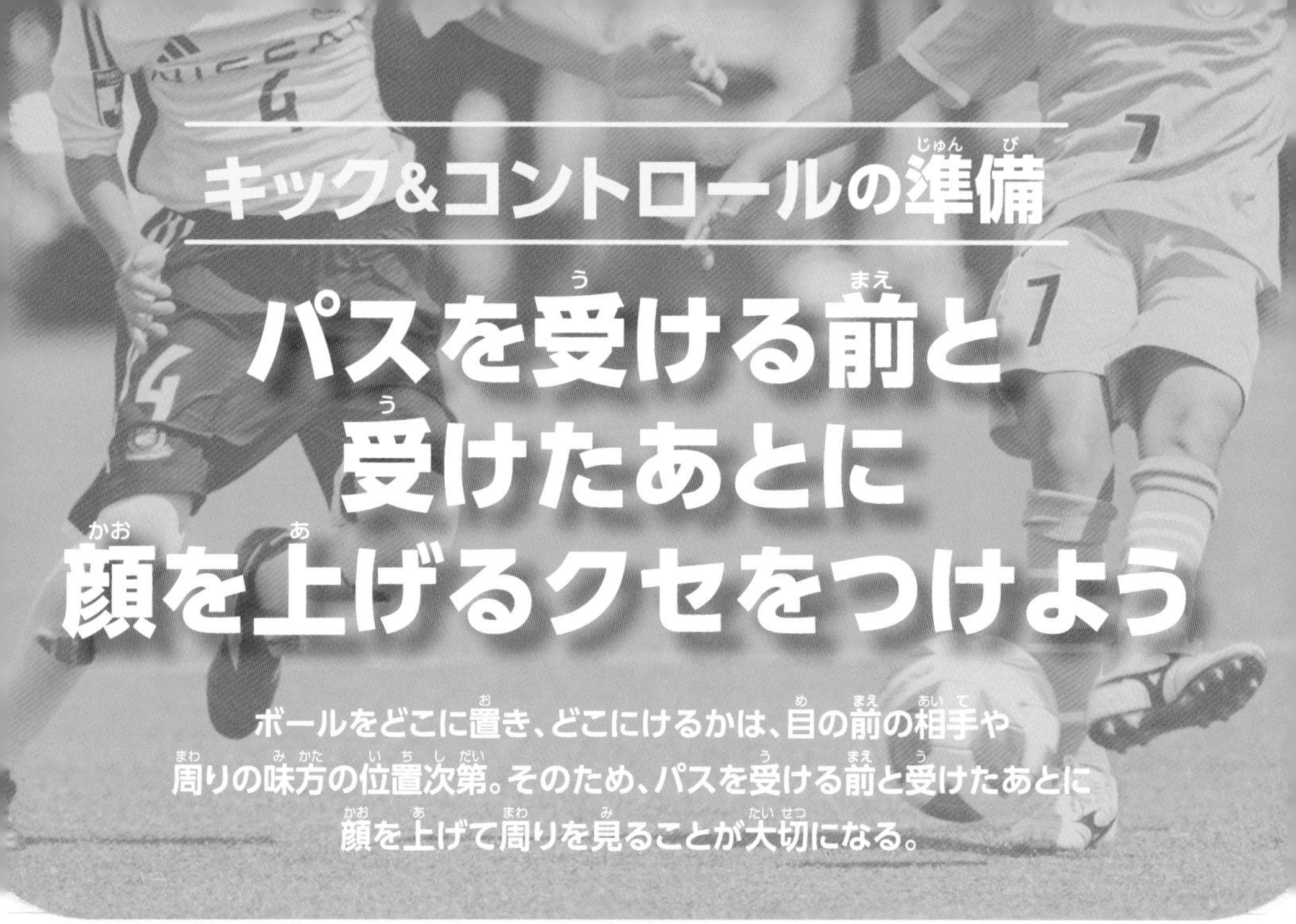

キック&コントロールの準《じゅん》備《び》

パスを受《う》ける前《まえ》と受《う》けたあとに顔《かお》を上《あ》げるクセをつけよう

ボールをどこに置《お》き、どこにけるかは、目《め》の前《まえ》の相手《あいて》や周《まわ》りの味方《みかた》の位置《いち》次第《しだい》。そのため、パスを受《う》ける前《まえ》と受《う》けたあとに顔《かお》を上《あ》げて周《まわ》りを見《み》ることが大切《たいせつ》になる。

キック&コントロールの準《じゅん》備《び》

1

パスを受《う》ける前《まえ》に周《まわ》りを見《み》る

試合《しあい》ではパスを受《う》ける前《まえ》に周《まわ》りを見《み》る。ここで自分《じぶん》のディフェンスとの距離《きょり》やどの方向《ほうこう》からプレッシャーをかけられるか、または味方《みかた》の位置《いち》などを確認《かくにん》する。それらをヒントに、ボールを置《お》く場所《ばしょ》やける方向《ほうこう》をイメージする。

キック&コントロールの準備《じゅんび》 2

パスを受《う》けたあとも周《まわ》りを見《み》る

パスを受《う》けたあとも、顔《かお》を上《あ》げて周《まわ》りを見《み》る。フリーの味方《みかた》がいればパスをしたり、スペースへボールを運《はこ》ぶ選択肢《せんたくし》を持《も》てる。選択肢《せんたくし》をたくさん見《み》つけられるようになろう。

キック&コントロールの準備《じゅんび》 3

状況《じょうきょう》によってキックを変《か》える

基本《きほん》はインサイドでパスをするが、走《はし》りながらであればアウトサイドを使《つか》ったり、遠《とお》くの逆《ぎゃく》サイドにはインステップ、センタリングならインフロントなど、キックの種類《しゅるい》は状況《じょうきょう》によって変《か》える。パスは正確《せいかく》さが大切《たいせつ》だが、試合《しあい》ではパススピードが遅《おそ》いと取《と》られてしまうので、強《つよ》くけることも意識《いしき》しよう。

知《し》っておきたい カラダの使《つか》い方《かた》

強《つよ》いボールをけるには足《あし》ではなくお腹《なか》に力《ちから》を入《い》れる

1 軸足《じくあし》をしっかりふみ込《こ》み バックスイング

インサイドキックではボールの横《よこ》を目安《めやす》に軸足《じくあし》をつく。軸足《じくあし》をしっかりとふみ込《こ》み、カラダを安定《あんてい》させることがキックの基本《きほん》。

お腹《なか》に力《ちから》を入《い》れ体重《たいじゅう》を前《まえ》に乗《の》せる

強《つよ》いボールをけるには、足《あし》をすばやくスイングさせる必《ひつ》要《よう》がある。スイングスピードがはやいほど、ボールは強《つよ》く、はやく飛《と》んでいくからだ。では、足《あし》のスイングスピードを上《あ》げるにはどうすればいいだろうか？

こたえは、足《あし》に力《ちから》を入《い》れないことだ。強《つよ》くけろうとすると、足《あし》に力《ちから》を入《い》れてしまいがちだが、足《あし》は脱力《だつりょく》させたま

2 お腹《なか》に力《ちから》を入《い》れて インパクトする

お腹《なか》に力《ちから》を入《い》れたまま、足《あし》をふり出《だ》しボールにインパクトするので、上体《じょうたい》はやや前傾《ぜんけい》する。

3 体重《たいじゅう》を前《まえ》に乗《の》せて 自然《しぜん》にふり切《き》る

お腹《なか》に力《ちから》を入《い》れて足《あし》をふると、上体《じょうたい》がのけ反《ぞ》ることがないので体重《たいじゅう》を前《まえ》に乗《の》せやすくなる。

まスイングする。力《ちから》を入《い》れるのはお腹《なか》。上体《じょうたい》がのけ反《ぞ》らないようにお腹《なか》に力《ちから》を入《い》れ、体重《たいじゅう》を前《まえ》に乗《の》せるイメージでけるとよい。

うちわのように足《あし》はしなやかに

お腹《なか》と足《あし》の関係《かんけい》は「うちわ」の柄《え》（にぎるところ）と、そこから扇状《おうぎじょう》に伸《の》びる骨《ほね》の関係《かんけい》に似《に》ている。「柄《え》＝お腹《なか》」で「骨《ほね》＝足《あし》」だ。柄《え》は頑丈《がんじょう》でしっかりしているのに対《たい》して、骨《ほね》は細《ほそ》くやわらかい。このバランスによってうちわはしなり風《かぜ》を送《おく》ることができる。柄《え》がやわらかくても、骨《ほね》がかたくてもダメ。けるときも、お腹《なか》が不安定《ふあんてい》だったり、足《あし》が力《りき》んでいてはダメなのだ。

DVD
3-1

キックの種類《しゅるい》❶ インサイドキック

近《ちか》くにまっすぐけるなら インサイドキック

足《あし》の内側《うちがわ》でける

かかとよりのかたい場所《ばしょ》でボールの中心《ちゅうしん》をインパクトすると、
強《つよ》いボールをまっすぐけることができる。

試合《しあい》でいちばん使《つか》う 基本《きほん》のキック

足《あし》の内側《うちがわ》でけるインサイドキックは、近《ちか》くの味方《みかた》へパスをするときや、ゴールのすみにシュートするときなどに使《つか》う。試合《しあい》ではいちばん使《つか》う回数《かいすう》が多《おお》いので、しっかりおぼえておきたい。

ポイントは、ヒザから下《した》をするどくふり、かかとよりで強《つよ》くはやくけること。いくら正確《せいかく》でもパスが弱《よわ》いと相手《あいて》に取《と》られてしまうので注意《ちゅうい》。

動画《どうが》でチェック

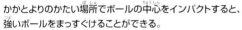

ヒザから下《した》をコンパクトにふる！

足《あし》はまっすぐふりフォロースルー

まっすぐけるには、ボールの中心《ちゅうしん》をインパクトして足《あし》をまっすぐふり抜《ぬ》くこと。

ヒザから下《した》でするどくコンパクトにふる

ボールに対《たい》してけり足《あし》を垂《すい》直《ちょく》に立《た》て、ヒザから下《した》でコンパクトにふる。

ボールの横《よこ》を目《め》安《やす》に軸《じく》足《あし》をつく

軸《じく》足《あし》をつく位《い》置《ち》は人《ひと》それぞれ。足《あし》をふり抜《ぬ》きやすい位《い》置《ち》を見《み》つけよう。

上達《じょうたつ》のコツ

強《つよ》くけるにはかかとよりに当《あ》てる

足《あし》の指《ゆび》の方《ほう》よりもかかとに近《ちか》い方《ほう》が強《つよ》くけることができる。パスが弱《よわ》くなってしまう人《ひと》は、かかとをボールに当《あ》てるイメージでけってみよう。

DVD 3-2

キックの種類《しゅるい》❷ インステップキック

遠《とお》くにまっすぐけるにはインステップキック

足《あし》の甲《こう》でける

足《あし》の甲《こう》や人差《ひとさ》し指《ゆび》のつけ根《ね》あたりでボールの中心《ちゅうしん》をインパクトすると、強《つよ》いボールをまっすぐけることができる。

強《つよ》いボールをけるときに使《つか》う

足《あし》の甲《こう》あたりでけるインステップキックは、遠《とお》くの味方《みかた》へパスをするときや、強《つよ》いシュートをけりたいときなどに使《つか》う。すべてのキックの中《なか》でいちばんむずかしいが、必要《ひつよう》なシーンは多《おお》い。

強《つよ》くける意識《いしき》が強《つよ》いと、足《あし》が棒《ぼう》のように力《りき》んでしまうので注意《ちゅうい》。力《ちから》はお腹《なか》に入《い》れるだけ。足《あし》はしなやかに使《つか》った方《ほう》が強《つよ》い球《たま》をけることができる。

動画《どうが》でチェック

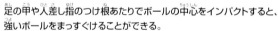

強《つよ》くふみ込《こ》み足《あし》を大《おお》きくスイング！

3 足《あし》を力《りき》ませずに脱力《だつりょく》させてふり抜《ぬ》く

顔《かお》を上《あ》げず体重《たいじゅう》を前《まえ》に乗《の》せる意識《いしき》で、脱力《だつりょく》させた足《あし》をふり抜《ぬ》く。

2 けり足《あし》をななめにしてボールの中心《ちゅうしん》をける

ボールに対《たい》してけり足《あし》をななめにすることで、地面《じめん》にふれずに足《あし》をふり抜《ぬ》ける。

1 ボールの横《よこ》に軸足《じくあし》をつく

軸足《じくあし》位置《いち》は大《おお》きくふり抜《ぬ》きやすい位置《いち》がよい。目安《めやす》はボールの横《よこ》。

上達《じょうたつ》のコツ

足《あし》をななめにして甲《こう》に当《あ》てる

足《あし》をまっすぐ下《お》ろしてけると、つま先《さき》が地面《じめん》に当《あ》たってしまうので、足《あし》をななめにしてボールにインパクトさせよう。

DVD 3-3

キックの種類《しゅるい》③ インフロントキック

山《やま》なりの曲《ま》がったボールはインフロントキック

親指《おやゆび》のつけ根《ね》でける

親指《おやゆび》のつけ根《ね》あたりでボールの中心《ちゅうしん》からやや外側《そとがわ》の下《した》をインパクトすると、山《やま》なりの横回転《よこかいてん》のかかったボールをけることができる。

ボールの中心《ちゅうしん》を外《はず》して横回転《よこかいてん》をかける

親指《おやゆび》のつけ根《ね》あたりでけるインフロントキックは、右利《みぎき》きなら右《みぎ》から左《ひだり》へ曲《ま》がりながら落《お》ちる軌道《きどう》になる。試合《しあい》ではセンタリングやフリーキックで使《つか》うことが多《おお》い。

ポイントは、助走《じょそう》をななめにとり、ボールの中心《ちゅうしん》からやや外側《そとがわ》の下《した》をけり上《あ》げること。これによってボールが横《よこ》回転《かいてん》になるので、自然《しぜん》とカーブがかかった軌道《きどう》になる。

動画《どうが》でチェック

つま先《さき》を上《あ》げて足首《あしくび》を固定《こてい》する!

つま先《さき》を上《あ》げて足首《あしくび》を固《かた》める

インパクトからフォロースルーではつま先《さき》を上《あ》げて足首《あしくび》を固《かた》めておく。

ボールの右下《みぎした》をこすり上《あ》げる

ボールの下《した》をけるほど軌《き》道《どう》は高《たか》くなるので、イメージに合《あ》わせて調整《ちょうせい》する。

ボールに対《たい》してななめに助走《じょそう》をとる

軸足位置《じくあしいち》は人《ひと》それぞれだが、助走《じょそう》はななめに入《はい》った方《ほう》が足《あし》をふり抜《ぬ》きやすくなる。

上達《じょうたつ》のコツ

こすり上《あ》げるイメージでける

インステップキックは押《お》し込《こ》むようなイメージだが、インフロントキックはボールをこすり上《あ》げるようなイメージでける。

キックの種類《しゅるい》 ❹ アウトサイドキック

DVD 3-4

走《はし》りながらでもけれるアウトサイドキック

小指《こゆび》のつけ根《ね》でける

小指《こゆび》や薬指《くすりゆび》のつけ根《ね》あたりでボールの中心《ちゅうしん》からやや内側《うちがわ》をインパクトする。

コンパクトなふりで相手《あいて》に読《よ》まれづらい

小指《こゆび》のつけ根《ね》あたりでけるアウトサイドキックは、ふりがコンパクトなので相手《あいて》にキックのタイミングが読《よ》まれづらい。また、走《はし》りながらけることができるので試合《しあい》ではスルーパスなどディフェンスが密集《みっしゅう》している場面《ばめん》でも使《つか》える貴重《きちょう》なキックだ。ただしほかのキックにくらべ方向《ほうこう》や強《つよ》さにブレが生《しょう》じやすいので、くり返《かえ》し練習《れんしゅう》しよう。

動画《どうが》でチェック

軸《じく》足《あし》をボールのやや後《うし》ろにつく！

ボールの少《すこ》し後《うし》ろに軸《じく》足《あし》をつく

ボールの内側《うちがわ》をけるので、きゅうくつにならないように軸足《じくあし》はボールからはなして後《うし》ろにつく。

小《こ》指《ゆび》を中《ちゅう》心《しん》にボールを押《お》し出《だ》す

小指《こゆび》だけでけると弱《よわ》いので、小指《こゆび》を中心《ちゅうしん》にボールを押《お》し出《だ》すようなイメージでける。

走《はし》る動《どう》作《さ》の流《なが》れでコンパクトにふる

足《あし》を大《おお》きくスイングさせる必要《ひつよう》はない。コンパクトに走《はし》る動作《どうさ》の延長《えんちょう》でおこなう。

上達《じょうたつ》のコツ

強《つよ》くけるにはやや甲《こう》よりに当《あ》てる

基本《きほん》のアウトサイドキックは小《こ》指《ゆび》のつけ根《ね》あたりでよいが、強《つよ》いボールをけるときは、もう少《すこ》し甲《こう》よりでインパクトする。

試合《しあい》ではこんな感《かん》じ　さまざまなキック

インサイドキック1

1 顔《かお》が上《あ》がっているので、ディフェンスや周《まわ》りの味方《みかた》が見《み》えている。

2 ディフェンスに寄《よ》せられる前《まえ》に、コンパクトにヒザから下《した》でスイング。

インサイドキック2

1 中盤《ちゅうばん》の底《そこ》から前線《ぜんせん》へのパスを試《こころ》みようとしている。

2 ボールの横《よこ》に軸足《じくあし》をつき、ヒザから下《した》でするどくスイング。

インステップキック1

1 右《みぎ》サイドからバイタルエリアの中央《ちゅうおう》に入《はい》ってきた。

2 足《あし》を大《おお》きく広《ひろ》げて、けり足《あし》も大《おお》きくふり上《あ》げている。

4 最後《さいご》まで足《あし》をまっすぐ前《まえ》に
スイングしている。

3 かかとあたりでボールをインパクト
しているのがわかる。

4 前《まえ》に飛《と》びはねるようにスイングし、
体重《たいじゅう》移動《いどう》の力《ちから》も利用《りよう》している。

3 上体《じょうたい》をかぶせてキックに体重《たいじゅう》を乗《の》せて
いる。インパクトはかかとより。

4 上体《じょうたい》をかぶせてボールに体重《たいじゅう》を
乗《の》せながらふり抜《ぬ》いている。

3 軸足《じくあし》が安定《あんてい》しているのがわかる。けり足《あし》の
ヒザがボールに向《む》いている。

1 両手《りょうて》を広《ひろ》げカラダ全体《ぜんたい》を大《おお》きく使《つか》って
バックスイングをおこなっている。

2 足《あし》をふり抜《ぬ》きやすいようにななめに
して軸足《じくあし》をふみ込《こ》んでいる。

1 インフロントキックなので、ボールに
対《たい》してななめに助走《じょそう》をとっている。

2 けり足《あし》のうらが空《そら》を向《む》くほど大《おお》きく
バックスイングしている。

1 顔《かお》を上《あ》げてディフェンスや味方《みかた》の位置《いち》を
確認《かくにん》。中盤《ちゅうばん》の底《そこ》からドリブル開始《かいし》。

2 走《はし》ってドリブルをしながら右足《みぎあし》を
コンパクトにふり上《あ》げている。

4 正確《せいかく》にボールをとらえるため、足《あし》を
ふり切《き》らず低《ひく》くおさえている。

3 上体《じょうたい》がのけ反《ぞ》らないように、前《まえ》に倒《たお》して
ボールに体重《たいじゅう》を乗《の》せている。

4 つま先《さき》がななめ上《うえ》を向《む》くように足首《あしくび》を
固《かた》めてインパクトしている。

3 軸足《じくあし》をしっかりふみ込《こ》むことで、
けり足《あし》がしなるように出《で》てくる。

4 パスのタイミングが読《よ》まれづらいのでディ
フェンスがいてもパスが通《とお》りやすい。

3 軸足《じくあし》をついて、走《はし》る動作《どうさ》からスムーズに
キックモーションに入《はい》った。

コントロールの基本《きほん》 ❶ インサイドでコントロール

DVD 3-5

地面《じめん》から足《あし》を浮《う》かせて内側《うちがわ》をボールに向《む》ける

足《あし》の内側《うちがわ》で面《めん》をつくる

足《あし》の内側《うちがわ》をボールに向《む》け、コントロールするための面《めん》をつくる。

ボールに対《たい》してまっすぐ面《めん》をつくる

ボールをコントロールするときは、足《あし》の内側《うちがわ》をボールに向《む》けて面《めん》をつくるとよい。面《めん》がボールに対《たい》してななめになると、コントロールしづらい。コントロール方法《ほうほう》は人《ひと》それぞれ。ボールを切《き》るようなイメージで足《あし》を下《お》ろし、ボールに逆回転《ぎゃくかいてん》をかける人《ひと》もいれば、ボールの少《すこ》し上《うえ》を面《めん》に当《あ》てるだけの人《ひと》もいるので、自分《じぶん》に合《あ》うやり方《かた》を見《み》つけよう。

動画《どうが》でチェック

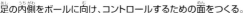

足《あし》を下《お》ろしてコントロール

ボールを切《き》るように足《あし》を下《お》ろすと、ボールに逆回転《ぎゃくかいてん》がかかりピタッと止《と》まりやすい。

考《かんが》え方《かた》のヒント

けりやすい位置《いち》にボールを置《お》く

試合《しあい》では「止《と》める・ける」は連続《れんぞく》しておこなわれることが多《おお》い。そのためキックしやすい位置《いち》にボールを置《お》くことを意識《いしき》しよう。

DVD 3-6

コントロールの基本《きほん》❷ カラダを開《ひら》いてコントロール

足《あし》を引《ひ》きながらカラダを前《まえ》に向《む》ける

1 ボールにカラダを向《む》ける

ボールがくる方向《ほうこう》へカラダを向《む》ける。ここまでは足元《あしもと》でコントロールする動作《どうさ》と同《おな》じ。

相手《あいて》ゴールを向《む》くクセをつけたい

後《うし》ろからパスを受《う》けるときは、カラダを開《ひら》いて前《まえ》を向《む》きながらボールをコントロールしたい。止《と》めてから前《まえ》を向《む》いていては、次《つぎ》のプレーがワンテンポおくれてしまう。相手《あいて》が近《ちか》くにいなくても、自然《しぜん》にこの動《うご》きができるとよい。

もし、トラップぎわをねらう相手《あいて》が近《ちか》くにいれば、この動《うご》きを入《い》れることで相手《あいて》をかわすこともできる。

動画《どうが》でチェック

カラダを
開《ひら》きながら
ボールを
コントロール!

2 足《あし》を後《うし》ろに引《ひ》く

足《あし》を後《うし》ろに引《ひ》いてカラダを開《ひら》きながらボールをコントロールする。

3 反転《はんてん》してドリブル

コントロールした足《あし》のつま先《さき》を前に向《む》けてつけば、そのまま前《まえ》にドリブルをはじめられる。

上達《じょうたつ》のコツ

パスを受《う》ける前《まえ》に前《まえ》のスペースを確認《かくにん》

前《まえ》を向《む》いて受《う》ける動《うご》きは、前《まえ》にスペースがあるときに有効《ゆうこう》。そのためパスを受《う》ける前《まえ》に、反転《はんてん》してドリブルするスペースがあるか確認《かくにん》しておきたい。

DVD 3-7

コントロールの基本《きほん》③ アウトサイドでコントロール

浮《う》かせた足《あし》の小《こ》指《ゆび》側《がわ》でボールにふれる

小《こ》指《ゆび》のつけ根《ね》でボールにふれる

つま先《さき》を浮《う》かせて足首《あしくび》を伸《の》ばしておけば、自然《しぜん》と足首《あしくび》がやわらかく使《つか》えコントロールしやすい。

指《ゆび》を下《した》に向《む》ければ足首《あしくび》は脱力《だつりょく》する

アウトサイドでボールをコントロールするのは、一見《いっけん》むずかしそうにも思《おも》えるが、じつはインサイドよりもやりやすいという選手《せんしゅ》は多《おお》い。

それはアウトサイドの方《ほう》が、足首《あしくび》をやわらかく使《つか》えるからかもしれない。足《あし》の指《ゆび》を下《した》に向《む》けていれば、足首《あしくび》は自然《しぜん》に脱力《だつりょく》するので、ボールの勢《いきお》いを吸収《きゅうしゅう》してコントロールできるのだ。

動画《どうが》でチェック

外向《そとむ》きターンで前《まえ》を向《む》く

アウトサイドでのコントロールは、そのまま外向《そとむ》きにターンしやすく、試合《しあい》でとても使《つか》える動《うご》きになる。

ワンランク上《うえ》を目指《めざ》す

相手《あいて》を背負《せお》ったときに使《つか》える

前線《ぜんせん》でディフェンスを背負《せお》っているときなどに有効《ゆうこう》。コントロールの直前《ちょくぜん》に内向《うちむ》きにフェイントを入《い》れるとさらに効果的《こうかてき》。

DVD 3-8

コントロールの基本《きほん》④ 浮《う》き球《だま》をインサイドでコントロール

浮《う》き球《だま》をコントロールするタイミングは2つある

動画《どうが》でチェック

タイミング1 落《お》ちるときをねらう

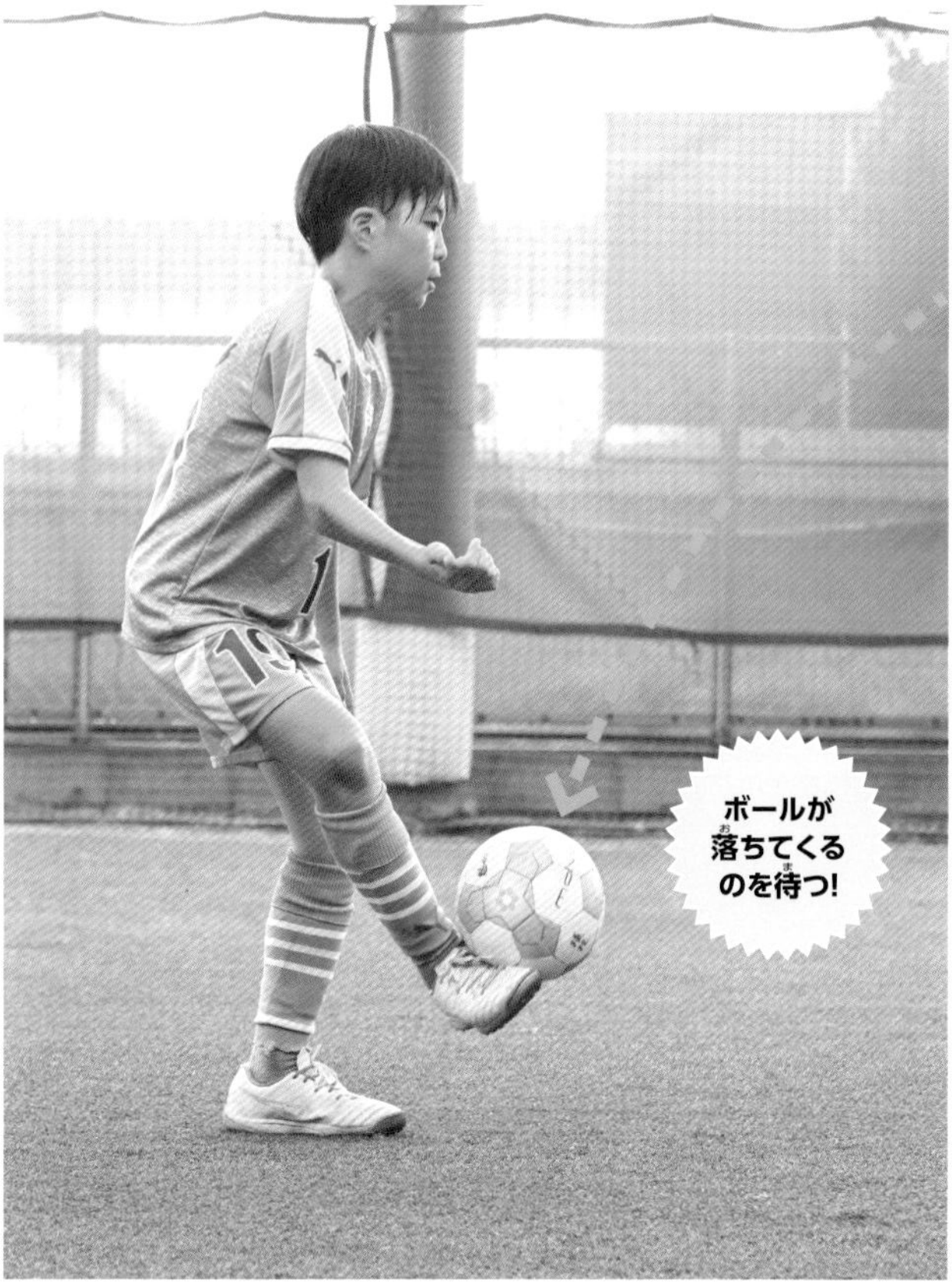

無理《むり》に足《あし》をボールに近《ちか》づけたりせず、落《お》ちてくるボールを待《ま》ちかまえ、当《あ》たった瞬間《しゅんかん》に少《すこ》し引《ひ》いてボールを下《した》に落《お》とす。

ボールの軌道《きどう》に合《あ》わせてタイミングを使《つか》いわける

浮《う》き球《だま》を足《あし》でコントロールするタイミングは2つ。ひとつは、ボールが落《お》ちてくるとき。ポイントは足《あし》を出《だ》さず落《お》ちてくるのを待《ま》つこと。

もうひとつは、ボールがバウンドするとき。ポイントは、足《あし》と地面《じめん》でボールをはさむようにする。どちらも足《あし》を力《りき》ませるとうまくいかないので、力《ちから》を抜《ぬ》いて足首《あしくび》をやわらかく使《つか》っておこなおう。

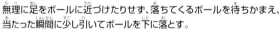

タイミング2
バウンドをねらう

足《あし》と地面《じめん》の間《あいだ》にボールをはさむようにして
コントロールする。

地面《じめん》についたボールがはねる位置《いち》に足《あし》をかまえる。

ワンランク上《うえ》を
目指《めざ》す

高《たか》いボールは
胸《むね》でコントロール

高《たか》いボールがきたら、胸《むね》でコントロールしてみよう。胸《むね》の真《ま》ん中《なか》は骨《ほね》があるので、左右《さゆう》どちらかの胸《むね》にボールを当《あ》てる。

DVD
3-9

コントロールの基本《きほん》 5 浮《う》き球《だま》をアウトサイドでコントロール

アウトサイドなら走《はし》りながらでもおさまる

動画《どうが》でチェック

3 落《お》ちてきたボールに足《あし》を当《あ》てるだけ

足《あし》をボールに近《ちか》づけず、できるだけボールが当《あ》たるのを待《ま》つ。ボールが下《した》に落《お》ちれば成功《せいこう》だ。

ゴール前《まえ》に走《はし》り込《こ》むときなどに使《つか》える

浮《う》いているボールを走《はし》りながらコントロールするには、アウトサイドを使《つか》うとよい。胸《むね》やインサイドを使《つか》うと、カラダを一《いち》度《ど》ボールに向《む》けなければならないので、足《あし》を止《と》める必要《ひつよう》がある。

アウトサイドならカラダをゴールに向《む》けたままコントロールできるので、ディフェンスに追《お》いつかれたくないゴール前《まえ》などで有効《ゆうこう》だ。

走《はし》りながら浮《う》き球《だま》をコントロール

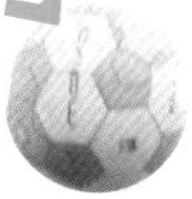

1 ボールの落下地点《らっかちてん》にすばやく入《はい》る

ゴール前《まえ》に向《む》かって走《はし》っているときにロングパスがきた。まずは落下地点《らっかちてん》に走《はし》る。

2 ボールをよく見《み》て準備《じゅんび》をする

止《と》める方《ほう》のヒザを曲《ま》げながらジャンプする。足首《あしくび》は力《りき》ませずにやわらかく。

上達《じょうたつ》のコツ

足《あし》を脱力《だつりょく》させてボールの勢《いきお》いを吸収《きゅうしゅう》

トラップする足《あし》が力《りき》んでいると、ボールがはね返《かえ》りやすい。トラップのタイミングで足《あし》をかるく引《ひ》く意識《いしき》でやってみよう。

DVD 3-10

動《どう》画《が》でチェック

対《たい》面《めん》パス

練習《れんしゅう》ドリル ねらい

キック&コンロールを正《せい》確《かく》におこなう

正確《せいかく》に「止《と》める・ける」をおこなうことがねらい。最初《さいしょ》は短《みじか》い距離《きょり》でインサイドキックやアウトサイドキックをおこない、距離《きょり》を長《なが》くしてインステップキックやインフロントキックもおこなおう。

スタート位《い》置《ち》と動《うご》き方《かた》

●人数《にんずう》：2人《ふたり》 ●コーン：なし

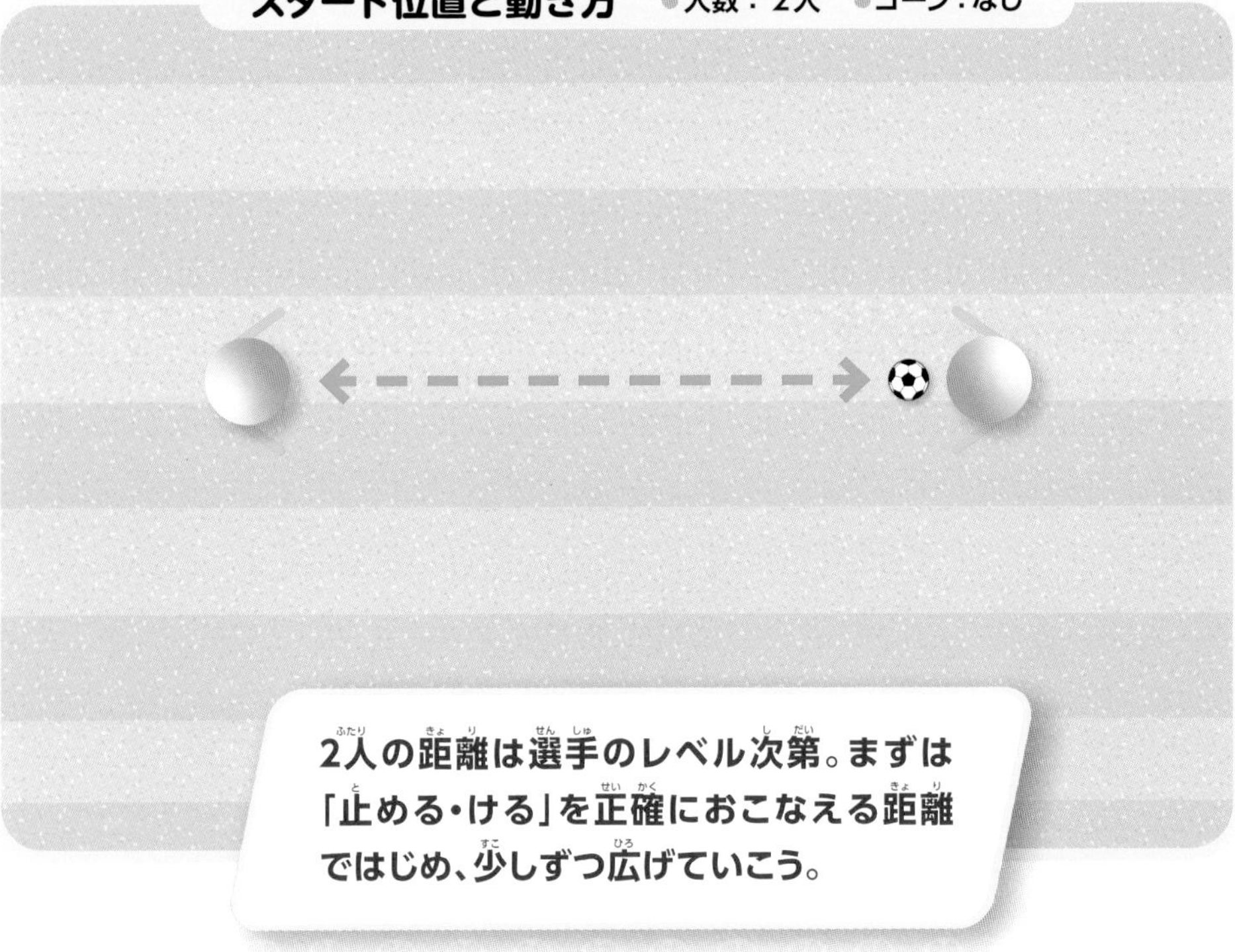

2人《ふたり》の距離《きょり》は選手《せんしゅ》のレベル次第《しだい》。まずは「止《と》める・ける」を正確《せいかく》におこなえる距離《きょり》ではじめ、少《すこ》しずつ広《ひろ》げていこう。

やり方《かた》

1 2人《ふたり》で向《む》かい合《あ》う

正確《せいかく》に「止《と》める・ける」がおこなえる距離《きょり》で向《む》かい合《あ》う。

2 さまざまなキックを試《ため》す

近《ちか》い距離《きょり》ではインサイドとアウトサイドを使《つか》ってキックしてみよう。

3 2人《ふたり》の距離《きょり》を広《ひろ》げる

なれてきたら2人《ふたり》の距離《きょり》を広《ひろ》げ、インステップやインフロントも使《つか》おう。

ココで差《さ》がつく!

つねに試合《しあい》をイメージする

練習《れんしゅう》であっても試合《しあい》をイメージして、パスを受《う》ける前《まえ》に、顔《かお》を上《あ》げて周《まわ》りを見《み》るクセをつける。

DVD 3-11

動画《どうが》でチェック

トス&コントロール

練習《れんしゅう》ドリル ねらい

浮《う》き球《だま》の コントロールをおぼえる

パサーはボールを山《やま》なりに投《な》げて受《う》け手《て》は肩《かた》や胸《むね》、太《ふと》ももやインサイド、アウトサイドなどを使《つか》ってコントロールする。くり返《かえ》しおこないカラダの使《つか》い方《かた》をおぼえよう。

スタート位置《いち》と動《うご》き方《かた》

●人数《にんずう》：2人《ふたり》 ●コーン：なし

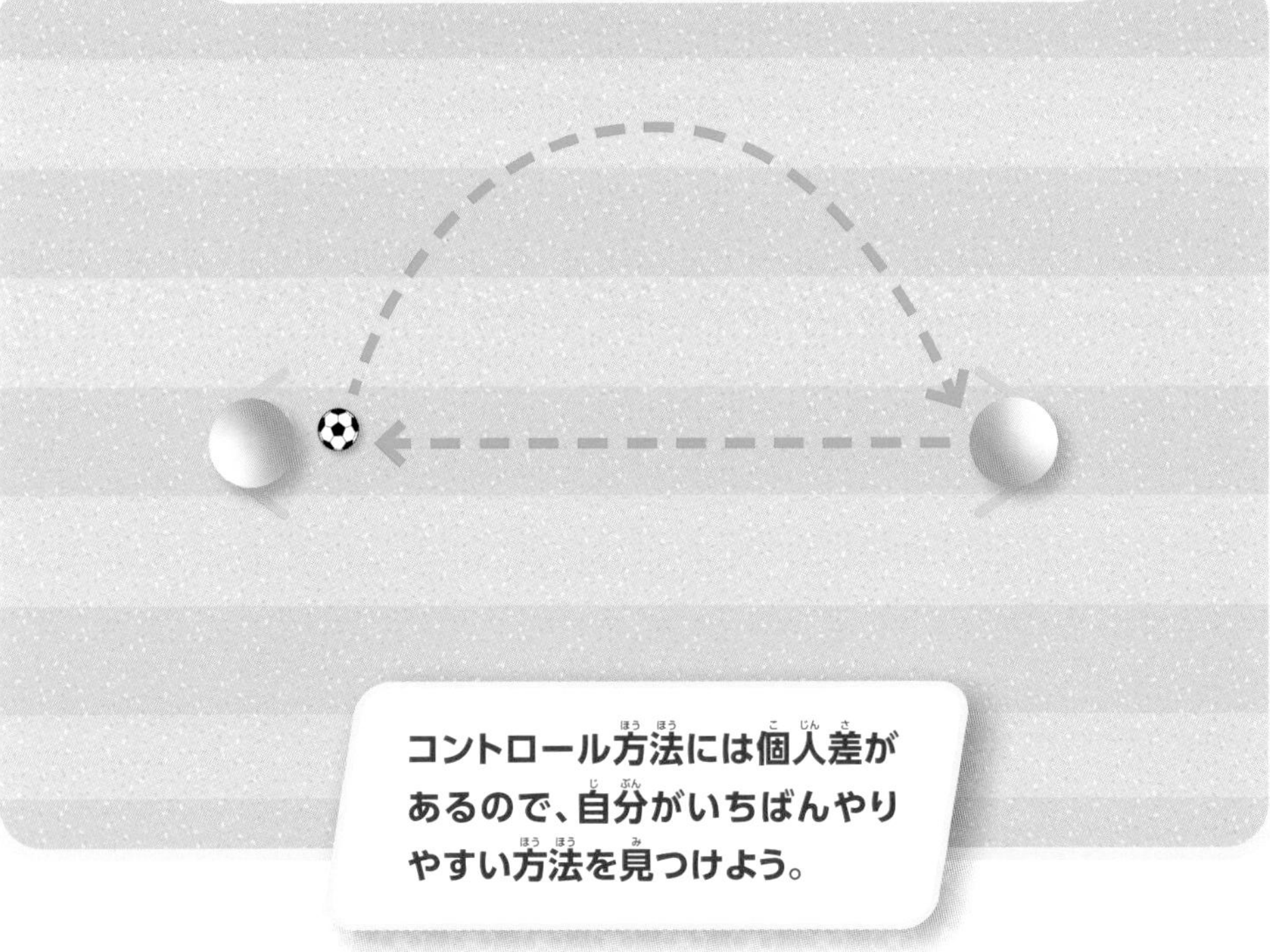

コントロール方法《ほうほう》には個人差《こじんさ》があるので、自分《じぶん》がいちばんやりやすい方法《ほうほう》を見《み》つけよう。

やり方《かた》

1 相手《あいて》の足元《あしもと》にトス

まずはインサイドやアウトサイドを使《つか》えるような高《たか》さにボールをトスする。

2 高《たか》さを変《か》えてトス

低《ひく》めの球《たま》はインサイド、高《たか》めの球《たま》は胸《むね》や太《ふと》ももというように部位《ぶい》を変《か》えてコントロール。

3 高《たか》さや方向《ほうこう》をランダムに

利《き》き足《あし》だけでコントロールするのではなく、逆足《ぎゃくあし》も使《つか》えるように高《たか》さや方向《ほうこう》をランダムにしておこなう。

ココで差《さ》がつく!

カラダを動《うご》かし準備《じゅんび》しておく

受《う》け手《て》は、ボールがトスされる前《まえ》から、その場《ば》で小《ちい》さく足《あし》ぶみしていると、1歩目《いっぽめ》の反応《はんのう》がよくなる。

練習《れんしゅう》や試合前《しあいまえ》に思《おも》い出《だ》そう!

これだけは覚《おぼ》えておきたい Part 3のおさらい

「止《と》める・ける」はサッカーの基本《きほん》。
足元《あしもと》でボールをコントロールできなければ、キックすることもできない。
正確《せいかく》におこなえるようになるまでくり返《かえ》し練習《れんしゅう》しよう。

おさらい❶

キックの種類《しゅるい》を使《つか》いわける

□近《ちか》くの相手《あいて》は「インサイドキック」。
シュートなど強《つよ》くけるときは
「インステップキック」。

□横回転《よこかいてん》をかけるときは
「インフロントキック」。
走《はし》りながらすぐにけるときは
「アウトサイドキック」。

足《あし》の内側《うちがわ》や
甲《こう》でける!

親指《おやゆび》のつけ根《ね》や
小指《こゆび》のつけ根《ね》でける!

おさらい❷

強《つよ》くけるには足《あし》を力《りき》ませない

□足《あし》に余《よ》計《けい》な力《ちから》が入《はい》ると強《つよ》いボールはけれない!

□上体《じょうたい》が起《お》き上《あ》がらないように、
お腹《なか》に力《ちから》を入《い》れて体重《たいじゅう》を前《まえ》に乗《の》せる。

足《あし》を
力《りき》ませない!

お腹《なか》に力《ちから》を
入《い》れる!

おさらい❸

けりやすい位置《いち》にコントロール

□基本《きほん》のトラップは、足《あし》の内側《うちがわ》を
ボールに向《む》けて「面《めん》」をつくる。

□前《まえ》を向《む》きながらパスを受《う》ける
クセをつける。

足《あし》の内側《うちがわ》に
面《めん》をつくる!

カラダを開《ひら》いて
前《まえ》を向《む》く!

サッカーのポジション 3

DF ディフェンダー

能力《のうりょく》：1対《たい》1の強《つよ》さ、ボディバランス

性格《せいかく》：我慢強《がまんづよ》い、リーダーシップがある

1対《たい》1に強《つよ》く 球《たま》ぎわで負《ま》けない！

自《じ》陣《じん》ゴール前《まえ》でポジショニングするのがディフェンダーだ。セットプレーでは相手《あいて》のゴール前《まえ》まで上《あ》がることもあるが、基本《きほん》は自陣《じじん》でゴールを守《まも》る。相手《あいて》にシュートを打《う》たせないことが何《なに》よりも重要《じゅうよう》な役割《やくわり》なので、1対《たい》1の強《つよ》さが求《もと》められる。後《うし》ろにはキーパーしかいないので安易《あんい》に飛《と》び込《こ》むのはさけたい。そのためディフェンダーは、ボールを確実《かくじつ》に取《と》れる間《ま》合《あ》いになるまで足《あし》を出《だ》さずに待《ま》てる我慢強《がまんづよ》さが必要《ひつよう》だ。また相手《あいて》と競《せ》り合《あ》いシーンが多《おお》いので、当《あ》たり負《ま》けしないカラダの強《つよ》さもほしいところだ。

Part 4

1対《たい》1に
強《つよ》くなろう!

1対《たい》1の準備《じゅんび》

縦《たて》突《とっ》破《ぱ》か横《よこ》パスか 1対《たい》1ではプレーの選《せん》択《たく》を 正《ただ》しくおこないたい

**1対《たい》1で相手《あいて》を抜《ぬ》いたらチャンスになるが、取《と》られればカウンターを受《う》ける。
リスクを取《と》って縦突破《たてとっぱ》なのか、リスクを背負《せお》わず横《よこ》パスなのか、
目《め》の前《まえ》の状況《じょうきょう》を見《み》て正《ただ》しくおこなえるようになろう。**

1対《たい》1の準備《じゅんび》

1

相手《あいて》との距離《きょり》や体重《たいじゅう》が乗《の》った足《あし》を見《み》る

1対《たい》1の局面《きょくめん》では相手《あいて》との距離《きょり》も近《ちか》い。足《あし》を出《だ》されたら取《と》られる距離《きょり》なのか、また相手《あいて》のどっちの足《あし》に体重《たいじゅう》が乗《の》っているかなどを見《み》ておきたい。

1対《たい》1の
準備《じゅんび》

2

ドリブルとパスのリスクを天秤《てんびん》にかける

局面《きょくめん》では1対《たい》1でも、近《ちか》くにフリーの味方《みかた》がいれば2対《たい》1になる。この数的《すうてき》優位《ゆうい》をいかして少《すく》ないリスクで攻《せ》めるのか、あえておとりに使《つか》ってドリブルを仕掛《しか》けるのか、ディフェンスを見《み》て正《ただ》しく判断《はんだん》できるようになりたい。

1対《たい》1の
準備《じゅんび》

3

選択肢《せんたくし》の中《なか》からひとつ決断《けつだん》する

相手《あいて》を抜《ぬ》けば数的優位《すうてきゆうい》になるときや、抜《ぬ》ける確率《かくりつ》が高《たか》い場面《ばめん》ではどんどん仕掛《しか》ける。大切《たいせつ》なことは、プレーの選択《せんたく》を間違《まちが》えないこと。ドリブルなのか、パスなのか、チームにとってプラスになる選択《せんたく》ができるようになろう。

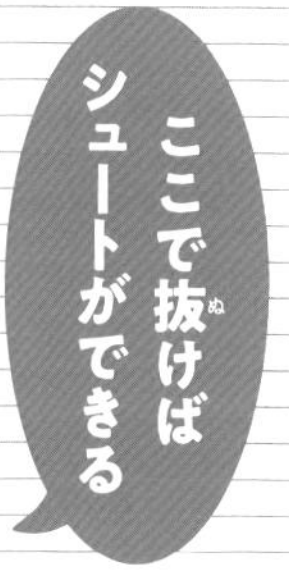

知《し》っておきたい
1対《たい》1の考《かんが》え方《かた》

仕《し》掛《か》ける方《ほう》向《こう》によってボールを取《と》られるリスクが変《か》わる

向《む》かい合《あ》ったときのリスク

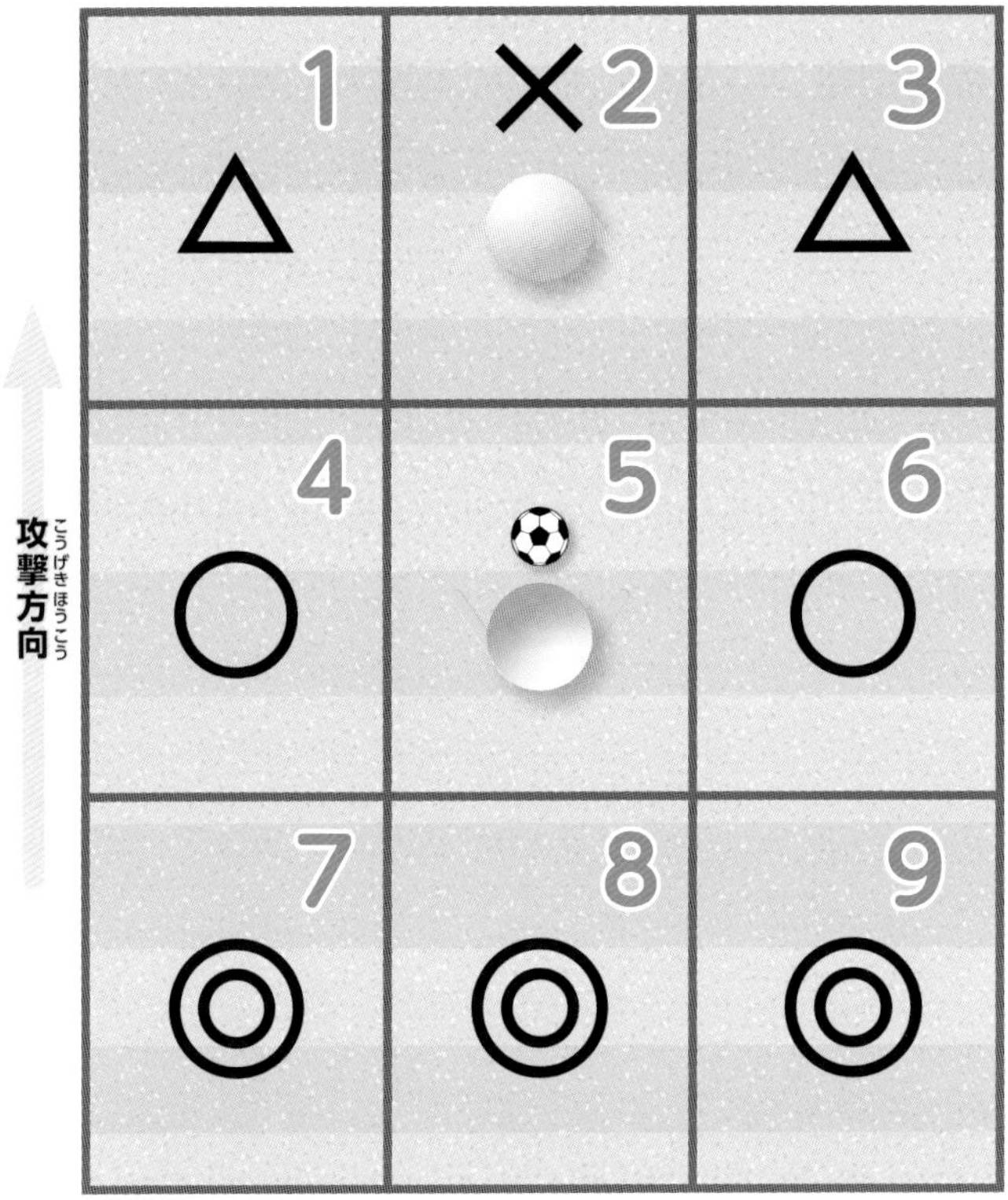

1～3のマスを通《とお》って縦突破《たてとっぱ》できれば大《おお》きなチャンスになるが、リスクは高《たか》い。4や6に運《はこ》んだり、7～9から味方《みかた》にパスをすることも選択肢《せんたくし》のひとつ。

少《すく》ないリスクで仕《し》掛《か》けたい

1対《たい》1で向《む》かい合《あ》ったディフェンスを抜《ぬ》ければ、大《おお》きなチャンスになる。右上《みぎうえ》の図《ず》は、1対《たい》1のリスクの大《おお》きさを表《あらわ》したものだ。相手《あいて》がいる2に仕《し》掛《か》けるのはリスクが高《たか》い。その両《りょう》サイドの1と3は、相《あい》手《て》の逆《ぎゃく》をつければ可能性《かのうせい》がある。4と6も相手《あいて》を1歩《ぽ》でも前《まえ》や横《よこ》に動《うご》かせれば、突破口《とっぱこう》が生《う》まれる。7～9は相手《あいて》からはなれるのでリスクはない

相手《あいて》を動《うご》かせば リスクは変《か》わる

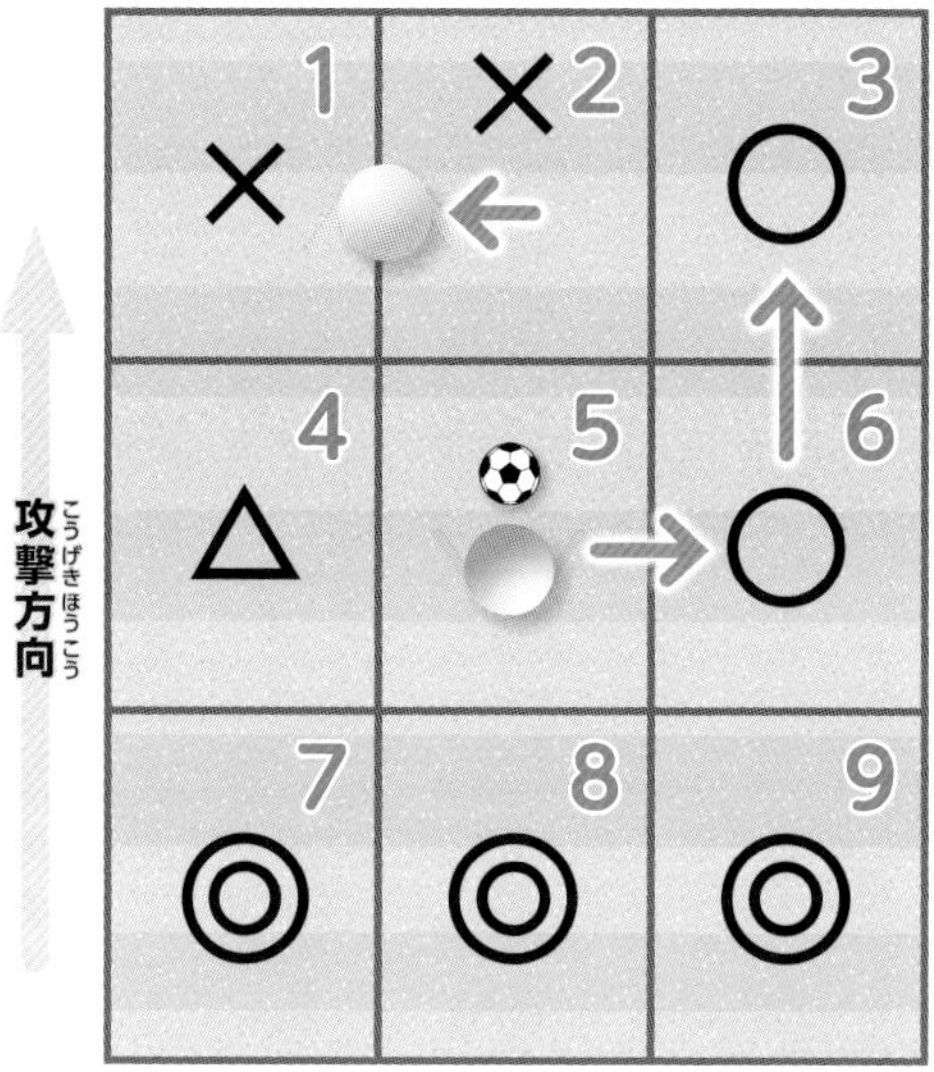

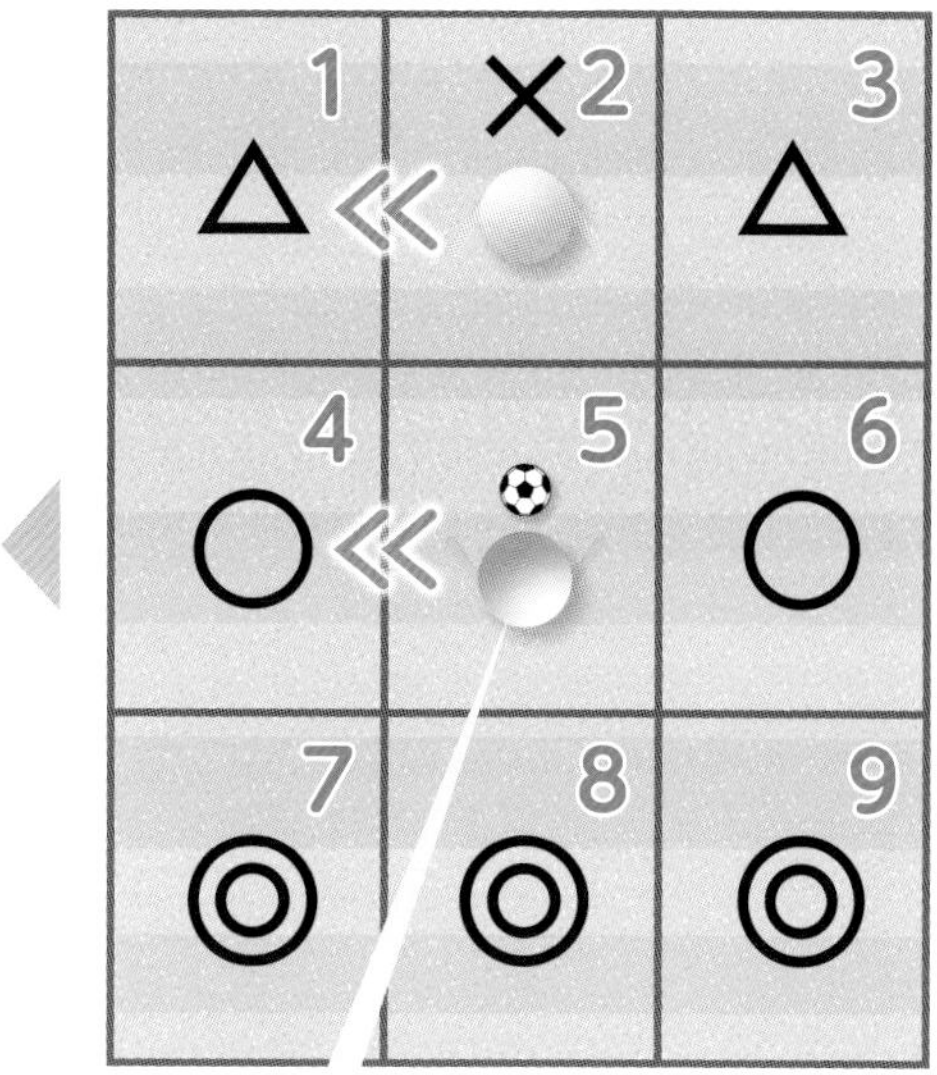

4にボールを運《はこ》ぶフェイントを入《い》れて相手《あいて》を動《うご》かせれば、リスクのマスも変《か》わるので、○を通《とお》って縦突破《たてとっぱ》ができる。

が、抜《ぬ》くことはできない。このように、1対《たい》1は仕《し》掛《か》ける方向《ほうこう》によってボールを取《と》られるリスクに差《さ》がある。

自分《じぶん》や相手《あいて》が動《うご》けば リスクも変《か》わる

このリスクは、自分《じぶん》や相手《あいて》が動《うご》くことで変化《へんか》する（左上《ひだりうえ》図《ず》）。うまくいけば、○だけを通《とお》って抜《ぬ》くこともできる。逆《ぎゃく》に、何《なに》も考《かんが》えていないと、せっかく相手《あいて》を動《うご》かしたのに△や×の方向《ほうこう》へ仕《し》掛《か》けてしまうこともある。この表《ひょう》のように考《かんが》えれば1対《たい》1に必《かなら》ず勝《か》てるというわけではないが、今自《いまじ》分《ぶん》が置《お》かれた状況《じょうきょう》を広《ひろ》い視《し》野《や》で見《み》られるので、少《すく》なくとも間違《まちが》った方向《ほうこう》へ仕《し》掛《か》けるようなことはなくなるだろう。

1対《たい》1の基本《きほん》❶ 相手《あいて》を見《み》る

できるだけ顔《かお》を上《あ》げて相手《あいて》を視野《しや》に入《い》れる

ボールしか見《み》ていない

ボールしか見《み》ていないと相手《あいて》の逆《ぎゃく》をつけないし、味方《みかた》にパスもできない。

練習《れんしゅう》を続《つづ》ければできるようになる

顔《かお》を上《あ》げれば、相手《あいて》や味方《みかた》が見《み》える。その情報《じょうほう》が次《つぎ》のプレーの選択肢《せんたくし》を持《も》つヒントになる。最初《さいしょ》はむずかしく感《かん》じるが、1日《にち》でできるようになる人《ひと》もまずいないだろう。しかし、練習《れんしゅう》を続《つづ》ければだれでもできるようになる。

ポイントは、前後左右《ぜんごさゆう》どこにでもスムーズに動《うご》かせる自《じ》分《ぶん》に合《あ》ったボールの置《お》き所《どころ》を見《み》つけることだ。

動画《どうが》でチェック

相手《あいて》が見《み》えている

顔《かお》を上《あ》げて相手《あいて》の体勢《たいせい》やスペースを見《み》ることができれば、いくつものプレーの選択肢《せんたくし》を見《み》つけられる。

落《お》とし穴《あな》

足元《あしもと》に入《はい》りすぎると顔《かお》が下《さ》がってしまう

コントロールしたボールが足元《あしもと》に入《はい》りすぎると顔《かお》が下《さ》がる。意図《いと》して入《い》れる場合《ばあい》はよいが、毎回《まいかい》足元《あしもと》に入《はい》ってしまう人《ひと》は注意《ちゅうい》しよう。

DVD 4-2

1対《たい》1の基本《きほん》②　ボールキープ

ボールキープをおぼえたらあわてずにプレーできる

カラダの幅《はば》を使《つか》えない

寄《よ》せてきた相手《あいて》を背負《せお》うだけでは、相手《あいて》からボールまでの距離《きょり》が近《ちか》く、足《あし》が届《とど》いてしまう。

ボールを守《まも》るのではなく相手《あいて》から遠《とお》ざける

相手《あいて》にプレッシャーをかけられたときに必要《ひつよう》になるのがボールキープだ。

ポイントは、自分《じぶん》の横幅《よこはば》を使《つか》って相手《あいて》をボールから遠《とお》ざけること。ボールを守《まも》ろうとすると相手《あいて》を背負《せお》った姿勢《しせい》になりやすいが、これではカラダの幅《はば》を使《つか》えず足《あし》を出《だ》されてしまう。足《あし》を広《ひろ》げて腰《こし》を落《お》とし、相手側《あいてがわ》の腕《うで》でガードしてふんばれる姿勢《しせい》をつくろう。

動画《どうが》でチェック

カラダの幅《はば》を使《つか》う

相手《あいて》とボールの間《あいだ》に、自分《じぶん》のカラダを横向《よこむ》きに入《い》れてボールを遠《とお》ざける。これなら相手《あいて》の足《あし》がボールに届《とど》かない。

考《かんが》え方《かた》のヒント

選択肢《せんたくし》のひとつとして持《も》っておく

相手《あいて》が寄《よ》せてきたらパスをするのがセオリーだが、ボールキープという選択肢《せんたくし》もつねに用意《ようい》しておくと、落《お》ち着《つ》いてプレーできる。

DVD 4-3

1対《たい》1の基本《きほん》③ 自分《じぶん》から仕掛《しか》けて抜《ぬ》く

相手《あいて》のヒザを見《み》て体重《たいじゅう》が乗《の》っている足《あし》の逆《ぎゃく》をつく

3 相手《あいて》をかわして 次《つぎ》のプレーへ

逆《ぎゃく》をつかれた相手《あいて》は足《あし》を出《だ》せないので、かんたんにかわすことができる。

動画《どうが》でチェック

どちらかの足《あし》に体重《たいじゅう》を大きく動《うご》かす

相手《あいて》と近《ちか》い距離《きょり》で向《む》かい合《あ》ったシーンで自分《じぶん》から仕掛《しか》けるには、相手《あいて》の体重《たいじゅう》をどちらかの足《あし》に大《おお》きく動《うご》かしたい。

人《ひと》は、体重《たいじゅう》が片方《かたほう》の足《あし》に大《おお》きく乗《の》ると、一度《いちど》体重《たいじゅう》を両《りょう》足《あし》に戻《もど》さなければ、逆方向《ぎゃくほうこう》へ足《あし》を出《だ》すことがむずかしいからだ。

そのため、体重《たいじゅう》が乗《の》っている足《あし》の逆《ぎゃく》をつけば、ドリブル突破《とっぱ》が成功《せいこう》しやすくなるのだ。

相手《あいて》のヒザを見《み》て抜《ぬ》く方向《ほうこう》を決《き》める

1 相手《あいて》の右足《みぎあし》に体重《たいじゅう》を乗《の》せる

右足《みぎあし》のインサイドでボールをコントロールして、相手《あいて》には左《ひだり》へ行《い》くと思《おも》わせる。

2 右足《みぎあし》に乗《の》ったらすかさず逆《ぎゃく》をつく

相手《あいて》の体重《たいじゅう》が右足《みぎあし》に乗《の》ったのを確認《かくにん》して、すかさず右方向《みぎほうこう》へボールをけり出《だ》す。

上達《じょうたつ》のコツ

足《あし》を出《だ》されてもギリギリ届《とど》かない距離《きょり》

向《む》かい合《あ》った相手《あいて》が足《あし》を出《だ》してもギリギリ届《とど》かない距離《きょり》で、かけひきをおこなう。遠《とお》すぎても近《ちか》すぎてもダメ。

試合《しあい》ではこんな感《かん》じ　相手《あいて》の逆《ぎゃく》をつく

逆《ぎゃく》をついて抜《ぬ》くドリブル

1 顔《かお》を上げてドリブル。プレーの選択肢《せんたくし》を持《も》つためのヒントを集《あつ》めている。

2 目《め》の前《まえ》の相手《あいて》が足《あし》を出《だ》してもギリギリ届《とど》かない距離《きょり》、つまり1対《たい》1の間合《まあ》いになった。

3 カラダを左《ひだり》にふってボディフェイント。相手《あいて》の体重《たいじゅう》が右足《みぎあし》に乗《の》った。

4 右足《みぎあし》のアウトサイドでボールを押《お》し出《だ》し、相手《あいて》の逆《ぎゃく》をついた。

5 ディフェンスは右足《みぎあし》に体重《たいじゅう》が乗《の》っていたので、すぐに左足《ひだりあし》が出《で》ない。

6 すぐに顔《かお》を上《あ》げて、次《つぎ》のプレーの選択肢《せんたくし》を持《も》つためのヒントを集《あつ》める。

逆《ぎゃく》をついてからパス

1 右側《みぎがわ》にボディフェイントを入《い》れて目《め》の前《まえ》の相手《あいて》をかわした。

2 だが次《つぎ》のプレーに迷《まよ》い、その場《ば》で足《あし》が止《と》まってしまった。

3 1でかわした相手《あいて》が戻《もど》ってきたが、顔《かお》を上《あ》げているので、その動《うご》きは把握《はあく》できている。

4 急《いそ》いで戻《もど》ってきた相手《あいて》の逆《ぎゃく》を取《と》るように、右側《みぎがわ》へボールを押《お》し出《だ》した。

5 うまく相手《あいて》の逆《ぎゃく》をつくことができた。ドリブルもパスもできる状況《じょうきょう》だ。

6 フリーで逆《ぎゃく》サイドにいる味方《みかた》へロングパスを選択《せんたく》した。

DVD 4-4

1対《たい》1の基本《きほん》④ 寄《よ》せてきた相手《あいて》を抜《ぬ》く

ダッシュで寄《よ》せられたらボールを横《よこ》にずらしてかわす

ボールを横《よこ》に運《はこ》ぶ

1 ディフェンスが寄《よ》せてきた

ディフェンスがダッシュで来《き》たので、インサイドでボールを横《よこ》にずらす。

寄《よ》せられてもあわてないこと

相手《あいて》のディフェンスが走《はし》って寄《よ》せてきたときに、あわてて顔《かお》を下《さ》げてボールに目《め》を落《お》としてしまうのはよくない。

パスコースがあればパスを出《だ》すのが安全《あんぜん》だが、ドリブルをする場合《ばあい》は、相手《あいて》を近《ちか》くまで引《ひ》きつけてからボールを真横《まよこ》にずらすとよい。真横《まよこ》に大《おお》きく出《だ》せれば、相手《あいて》の足《あし》もかからないので、かわして次《つぎ》のプレーをおこなえる。

動画《どうが》でチェック

2 横《よこ》から縦《たて》へ直角《ちょっかく》に動《うご》く

左足《ひだりあし》で地面《じめん》をけり、すばやく横《よこ》から縦《たて》に方向《ほうこう》を変《か》える。

3 相手《あいて》をかわして次《つぎ》のプレーへ

アウトサイドでボールを押《お》し出《だ》しドリブルをはじめる。

考《かんが》え方《かた》のヒント

まっすぐ走《はし》っている人《ひと》はすぐに横《よこ》へ動《うご》けない

人《ひと》はまっすぐ走《はし》っているときに急《きゅう》な横移動《よこいどう》はできない。そのため、あわてずに相手《あいて》を引《ひ》きつけてから、ボールを横《よこ》へずらすとよい。

DVD 4-5

1対《たい》1の基本《きほん》⑤ コントロールで相手《あいて》を抜《ぬ》く

カラダを開《ひら》くことでボールの置《お》き所《どころ》を変《か》える

コントロール直前《ちょくぜん》にカラダを開《ひら》く

1 足元《あしもと》でボールを受《う》けると思《おも》わせる

この時点《じてん》ではカラダをボールに向《む》け、足元《あしもと》にボールを置《お》くとディフェンスに思《おも》わせている。

トラップぎわをねらう相手《あいて》に有効《ゆうこう》

トラップ時《じ》は自分《じぶん》の足《あし》が一《いち》度《ど》止《と》まり、ボールも足《あし》からはなれやすいので、ディフェンスはそのタイミングをねらっている。そのようなときは、カラダを開《ひら》いてボールの置《お》き所《どころ》を変《か》えるとよい。相手《あいて》には足元《あしもと》で受《う》けると思《おも》わせて、カラダを開《ひら》いて奥《おく》で受《う》けるのだ。相手《あいて》はボールを取《と》ろうと前《まえ》のめりなのでかわすことができる。

動画《どうが》でチェック

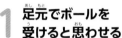

2 カラダを開《ひら》いて奥《おく》にボールを置《お》く

ボールが足元《あしもと》にきたらカラダを開《ひら》き、引《ひ》いた右足《みぎあし》でコントロールする。

3 前《まえ》のめりの相手《あいて》の逆《ぎゃく》をついてかわす

ディフェンスは右足《みぎあし》に体重《たいじゅう》が乗《の》っているので対応《たいおう》できない。

上達《じょうたつ》のコツ

カラダ全体《ぜんたい》で大《おお》きくフェイントを入《い》れる

相手《あいて》に反対方向《はんたいほうこう》を意識《いしき》づけさせるために、動《うご》き出《だ》す前《まえ》に顔《かお》を向《む》けたり、ボディフェイントを入《い》れるなど、カラダ全体《ぜんたい》を使《つか》うことがポイント。

DVD 4-6

1対《たい》1の基本《きほん》⑥ ディフェンス姿勢《しせい》

ヒザを少しだけ曲《ま》げて かんたんに飛《と》び込《こ》まない

ディフェンスの基本姿勢《きほんしせい》

両足《りょうあし》にバランスよく体重《たいじゅう》を乗《の》せて、少《すこ》しだけ半身姿勢《はんみしせい》になる。
また、すぐに動《うご》けるようにヒザをかるく曲《ま》げる。

相手《あいて》の選択肢《せんたくし》をうばうディフェンス

ディフェンスの基本姿勢《きほんしせい》は、両足《りょうあし》にバランスよく体重《たいじゅう》を乗《の》せ、追《お》い込《こ》みたい方向《ほうこう》へ少《すこ》しだけ半身《はんみ》になる。

これでボールを取《と》れたらいちばんよいが、かんたんに飛《と》び込《こ》んで抜《ぬ》かれるのはさけたい。それよりもパスコースを切《き》ったり、せまい方《ほう》へドリブルさせるなどして、相手《あいて》のプレーの選択肢《せんたくし》を限定《げんてい》させることを考《かんが》えよう。

動画《どうが》でチェック

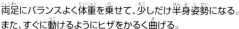

さらに半身《はんみ》になり せまい方《ほう》へ追《お》い込《こ》む

1

ドリブルを追《お》い込《こ》みたい方向《ほうこう》に、
さらにきつく半身《はんみ》になる。

2

逆《ぎゃく》を取《と》られないように気《き》をつけながら、
追《お》い込《こ》んでいく。

3

ラインぎわまで追《お》い込《こ》んだら、
ボールをうばう。

ワンランク上《うえ》を目指《めざ》す

ボールをうばうタイミングは2回《かい》

1回目《かいめ》はトラップするとき。2回目《かいめ》は抜《ぬ》きにきたとき。この2つはボールが相手《あいて》の足元《あしもと》からはなれやすいのでボールをうばうチャンスになる。

DVD 4-7

動画《とうが》でチェック

1対《たい》1練習《れんしゅう》ドリル ❶

サークルボールキープ

練習《れんしゅう》ドリル ねらい

ボールキープ時《じ》の カラダの使《つか》い方《かた》をおぼえる

ボールと相手《あいて》の間《あいだ》に自分《じぶん》のカラダを横向《よこむ》きに入《い》れてボールをキープする。カラダ全体《ぜんたい》をどう使《つか》えば相手《あいて》からボールを守《まも》れるのか考《かんが》えながらやってみよう。

スタート位置《いち》と動《うご》き方《かた》

●人数《にんずう》：2人《ふたり》 ●コーン：なし

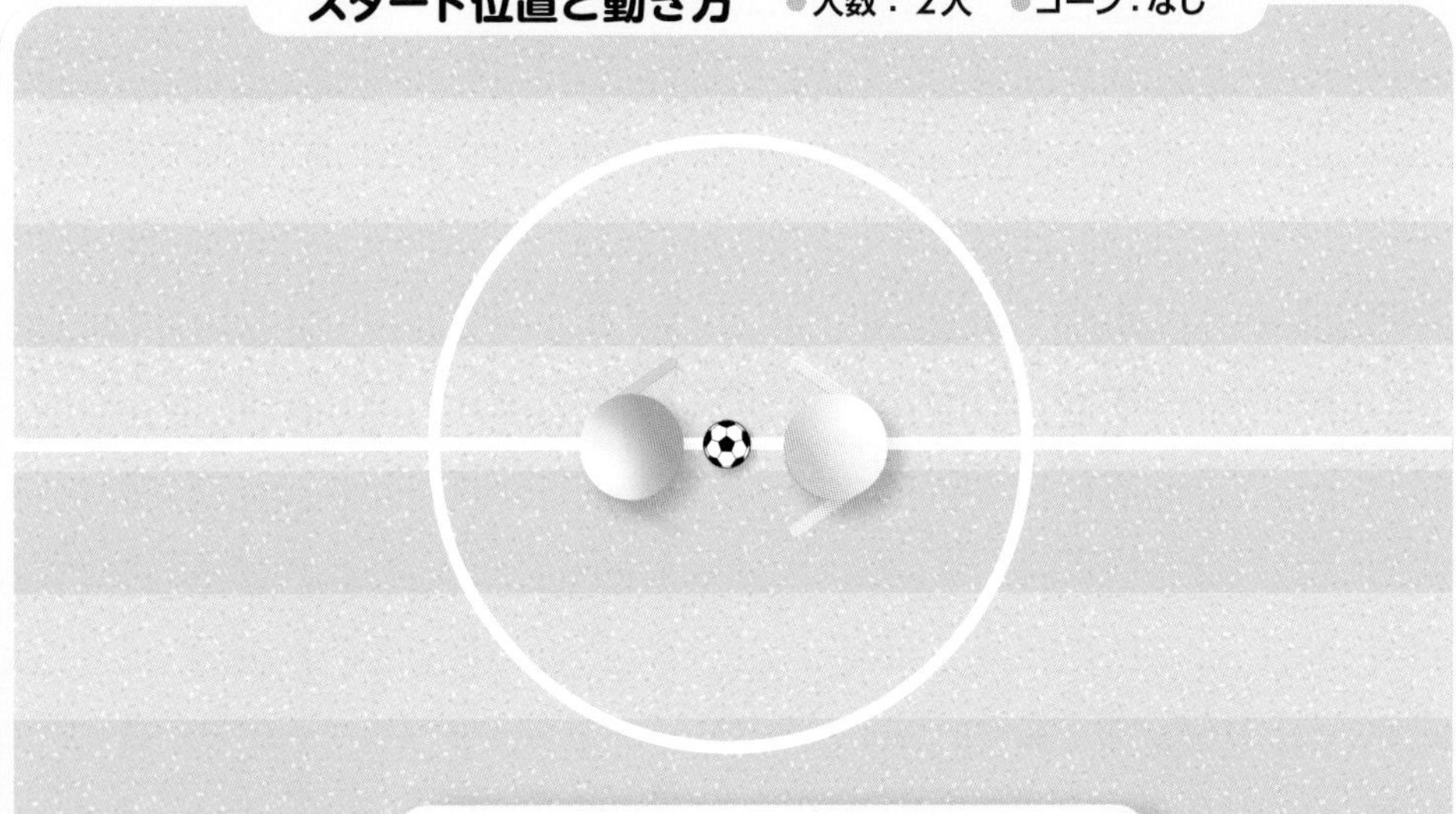

センターサークルほどの広《ひろ》さがちょうどよいが、なければ5m四方《しほう》にコーンを置《お》いてもよいだろう。

やり方《かた》

1 センターサークル内《ない》でボールキープ

センターサークル内《ない》でボールキープをする。ボールがサークルから出《で》たり、取《と》られたら攻守交替《こうしゅこうたい》。2人《ふたり》1組《ひとくみ》でおこなう。

2 ボールを上《うえ》に投《な》げてからスタート

ルーズボールの状態《じょうたい》からスタートしてボールキープをする。ボールを上《うえ》に投《な》げたらすばやくポジションを取《と》り、自分《じぶん》の足元《あしもと》にボールを落《お》としたい。

3 2人《ふたり》とも足《あし》を乗《の》せてからスタート

2人《ふたり》が片方《かたほう》の足《あし》をボールに乗《の》せてからスタート。ボールを押《お》すのか、引《ひ》くのか相手《あいて》のうらをかいてすばやくマイボールにしよう。

ココで差《さ》がつく!

カラダの幅《はば》を使《つか》ってボールをキープ

相手《あいて》とボールの間《あいだ》で横向《よこむ》きになれば、カラダの幅《はば》の分《ぶん》だけボールを相手《あいて》から遠《とお》ざけることができる。

DVD 4-8

動画《どうが》でチェック

コーンタッチ

練習《れんしゅう》ドリル ねらい

相手《あいて》の逆《ぎゃく》をつく 基本《きほん》をおぼえる

オフェンスはディフェンスを振《ふり》り切《き》ってコーンをタッチする。どのように動《うご》けば相手《あいて》の逆《ぎゃく》をつけるのか、正解《せいかく》はひとつではないので考《かんが》えながらやってみよう。

スタート位置《いち》と動《うご》き方《かた》

●人数《にんずう》：2人《ふたり》　●コーン：2つ

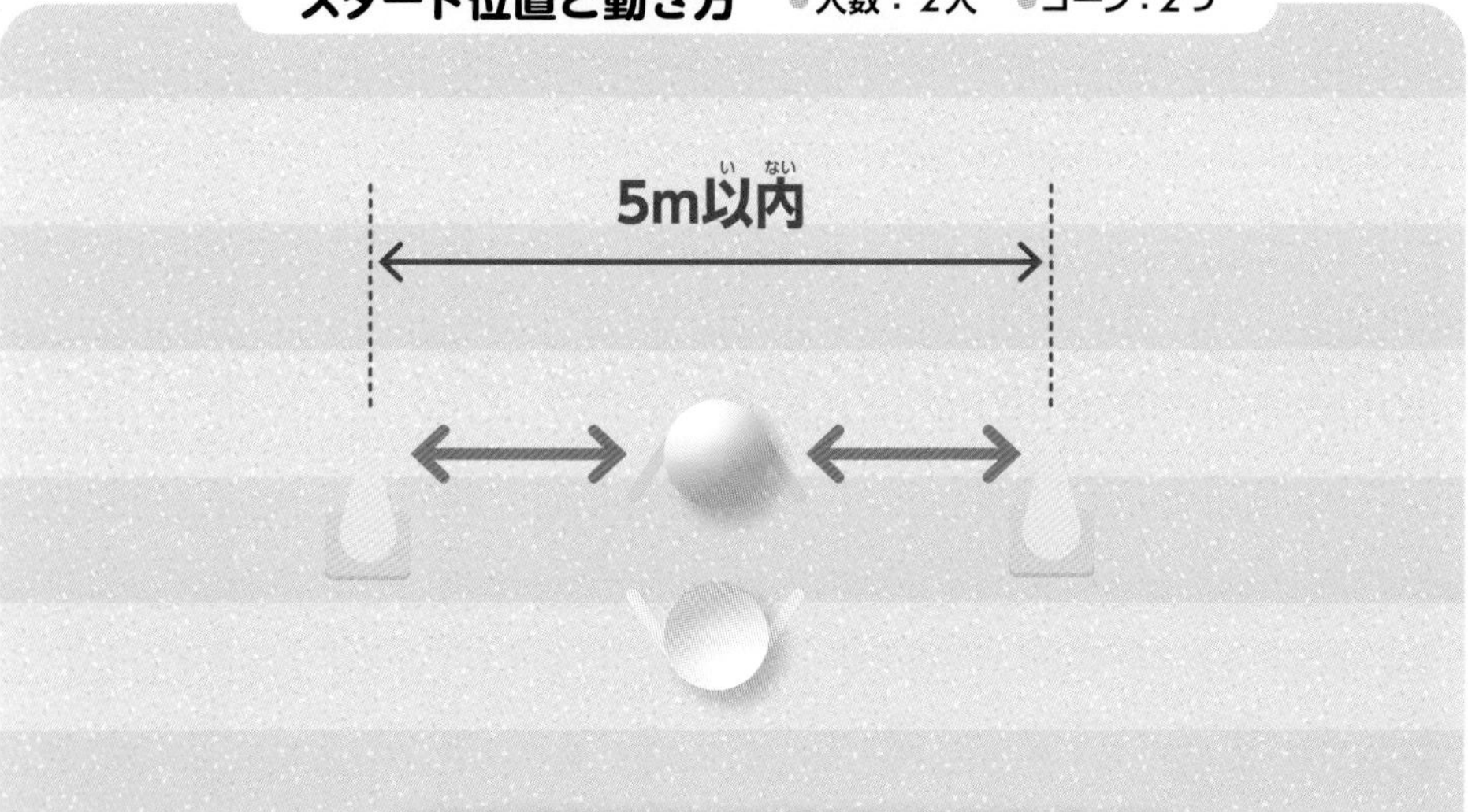

コーンの幅《はば》は5m以内《いない》がよい。瞬間的《しゅんかんてき》に相手《あいて》の逆《ぎゃく》を取《と》る練習《れんしゅう》なので、コーン間《かん》の距離《きょり》を広《ひと》げる必要《ひつよう》はない。

やり方《かた》

1 5m幅《はば》で コーンを置《お》く

5m程度《ていど》広《ひろ》げてコーンを2つ並《なら》べる。ボールは使《つか》わず2人《ふたり》が向《む》かい合《あ》う。

2 コーンの 先端《せんたん》にタッチ

オフェンスとディフェンスにわかれる。オフェンスはどちらかのコーンをタッチしようとし、ディフェンスは先《さき》に手《て》でフタをして、それを防《ふせ》ぐ。オフェンスはディフェンスの逆《ぎゃく》をつく必要《ひつよう》がある。

3 ドリブルしながら おこなう

むずかしくはなるが、なれてきたらドリブルしながらコーンタッチに挑戦《ちょうせん》してみよう。

ココで差《さ》がつく!

相手《あいて》を 引《ひ》きつけてから 逆《ぎゃく》へ動《うご》く

相手《あいて》をできるだけ引《ひ》きつけてから逆《ぎゃく》へ動《うご》くと、そのぶん大《おお》きくふり切《き》ることができる。

1対《たい》1練習《れんしゅう》ドリル ③

DVD 4-9

動画《どうが》でチェック

サイドラインゴール

練習《れんしゅう》ドリル ねらい

ドリブルしながら相手《あいて》の逆《ぎゃく》をつく

オフェンスはディフェンスをふり切《き》ってサイドのコーン間《かん》を抜《ぬ》ける。相手《あいて》の逆《ぎゃく》に動《うご》くには、顔《かお》を上《あ》げて相手《あいて》を見《み》ながらボールをコントロールすることが大切《たいせつ》だ。

スタート位置《いち》と動《うご》き方《かた》

● 人数《にんずう》：2人《ふたり》　● コーン：4つ

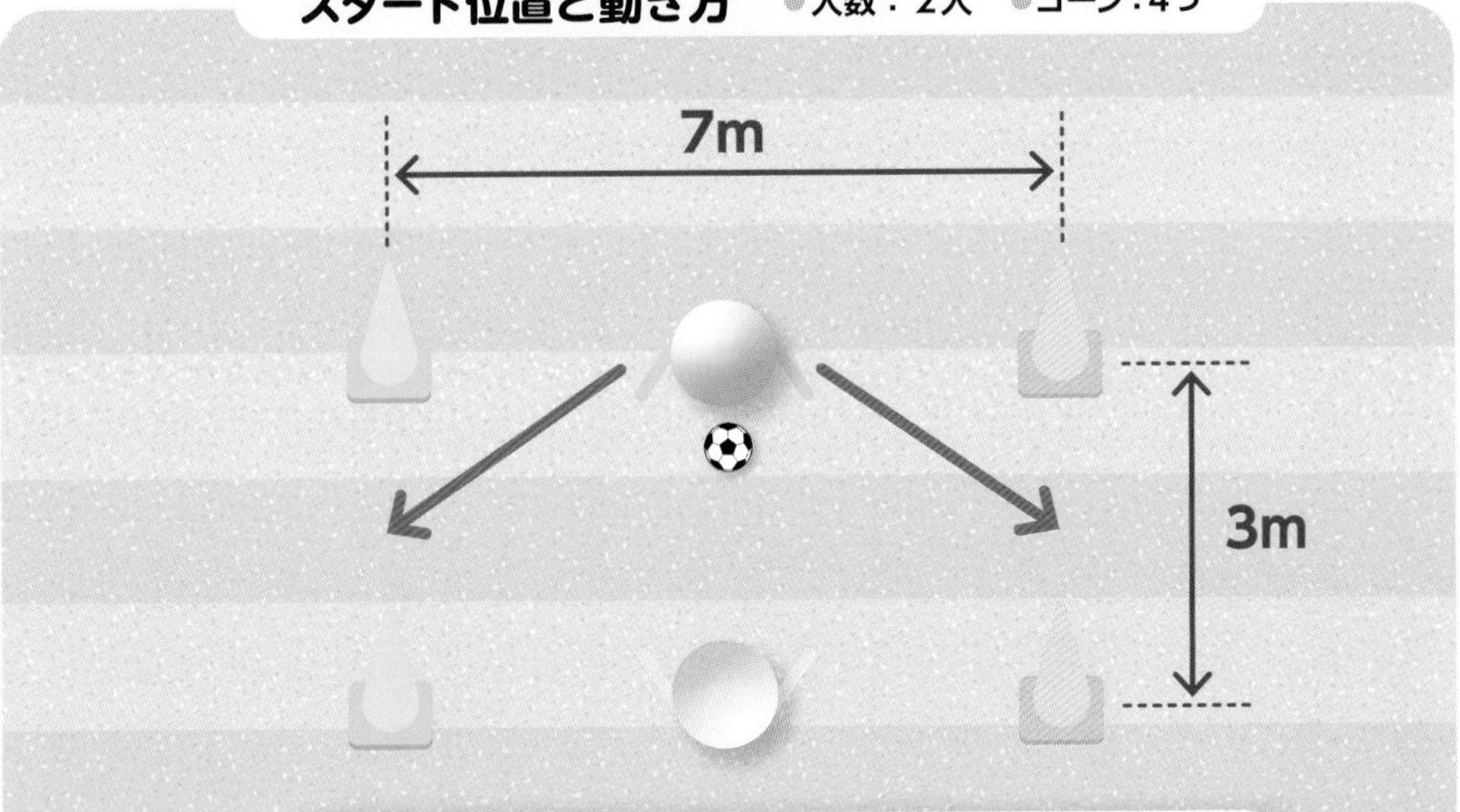

コーン間《かん》の距離《きょり》を広《ひろ》げればより自由《じゆう》に動《うご》け、せまくすればより細《こま》かいボールコントロールが必要《ひつよう》になる。選手《せんしゅ》のレベルに合《あ》わせて調整《ちょうせい》しよう。

やり方《かた》

1 7×3m幅《はば》でコーンを置《お》く

コーン間《かん》の横幅《よこはば》を7m、縦幅《たてはば》3mにしてコーンを置《お》く。この距離《きょり》は目安《めやす》なので各自《かくじ》で調整《ちょうせい》してよい。

2 サイドのコーン間《かん》をドリブルで通《とお》る

オフェンスはドリブルをしながらサイドのコーンの間《かん》を通《とお》ればよい。ディフェンスはそれを止《と》める。

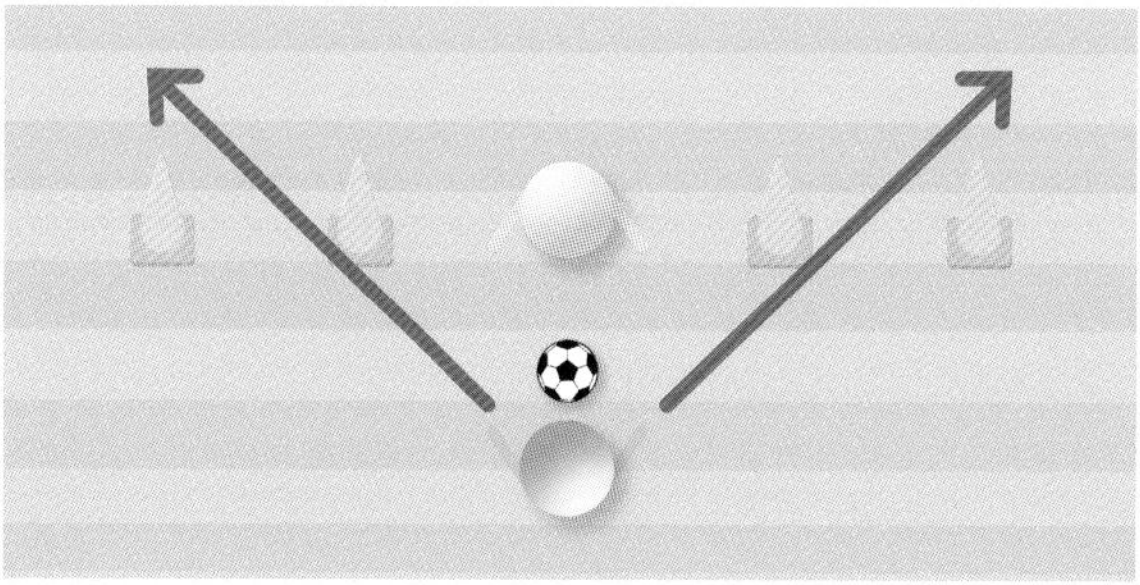

3 コーンの配置《はいち》を変《か》えてみる

ディフェンスと並《なら》ぶようにコーンを置《お》いてもよい。オフェンスはどちらかのコーン間《かん》をドリブルで通《とお》る。

ココで差《さ》がつく!

顔《かお》を上《あ》げてコントロール

ドリブル中《ちゅう》は顔《かお》を上《あ》げて相手《あいて》を見《み》ることで、相手《あいて》の逆《ぎゃく》をつくことができる。少《すこ》しずつ顔《かお》を上《あ》げたコントロールになれていこう。

練習《れんしゅう》や試合《しあい》前《まえ》に思《おも》い出《だ》そう!

これだけは覚《おぼ》えておきたい Part 4 のおさらい

1対《たい》1はボールを取《と》られてしまうリスクもあるが、
相手《あいて》陣地《じんち》の深《ふか》いところで相手《あいて》を抜《ぬ》くことができると
大《おお》きなチャンスになる。ここぞ! というタイミングを見極《みきわ》めて、
自信《じしん》を持《も》ってトライしてみよう。

おさらい 1

顔《かお》を上《あ》げて相手《あいて》やスペースを見《み》る

□1対《たい》1では、まずは顔《かお》を上《あ》げて相手《あいて》やスペースを見《み》ることが大切《たいせつ》。

□相手《あいて》のヒザを見《み》て、どちらの足《あし》に体重《たいじゅう》が乗《の》っているかを知《し》る。その逆《ぎゃく》をつけば抜《ぬ》きやすい。

顔《かお》を上《あ》げて相手《あいて》を見《み》る!

相手《あいて》のヒザを見《み》て逆《ぎゃく》をつく!

おさらい ❷

カラダの幅《はば》を使《つか》ってボールをキープ

□ 相手《あいて》が近《ちか》づいてきたら
カラダの横幅《よこはば》を使《つか》ってボールを守《まも》る。

□ ボールキープをおぼえたら
試合《しあい》でも落《お》ち着《つ》いてプレーできる。

自分《じぶん》のカラダの
横幅《よこはば》を使《つか》う!

選択肢《せんたくし》のひとつ
としてキープを
持《も》っておく!

おさらい ❸

ディフェンスでは半身姿勢《はんみしせい》をつくる

□ ディフェンスの基本姿勢《きほんしせい》は、
やや半身《はんみ》になり両足《りょうあし》に
バランスよく体重《たいじゅう》を乗《の》せる。

□ ラインぎわに追《お》い込《こ》みたいときは、
半身《はんみ》の度合《どあ》いを強《つよ》くするのも有効《ゆうこう》。

半身《はんみ》を強《つよ》くして
追《お》い込《こ》む!

かんたんに
飛《と》び込《こ》まない!

サッカーのポジション 4

GK
ゴールキーパー

能力《のうりょく》：キャッチング、キック力《りょく》

性格《せいかく》：リーダーシップがある、気《き》持《も》ちが強《つよ》い

強《つよ》い気《き》持《も》ちでチームをまとめる！

自《じ》陣《じん》ゴールを守《まも》るのがゴールキーパー。出場選《しゅつじょうせん》手《しゅ》の中《なか》で唯一《ゆいいつ》手《て》を使《つか》えるので、ボールに対《たい》して恐怖心《きょうふしん》がなかったり、キャッチするのがうまい選手《せんしゅ》が向《む》いている。ミスが失点《しってん》につながるポジションではあるが、ミスはだれにでもあるので、落《お》ち込《こ》まずに強《つよ》い気《き》持《も》ちをもってプレーできるとよい。

試合中《しあいちゅう》は、ピッチ全体《ぜんたい》を見渡《みわた》せるので、最後尾《さいこうび》から声《こえ》を出《だ》してチームのみんなに指示《しじ》を出す。とくにチームに元気《げんき》がなかったり、足《あし》が止《と》まっているようなときは、大《おお》きな声《こえ》を出《だ》してみんなを鼓舞《こぶ》してほしい。

Part 5

試《し》合《あい》をしよう!

試合《しあい》の準備《じゅんび》

試合《しあい》ではボールを持《も》っていないときこそ顔《かお》を上《あ》げて周《まわ》りを見《み》る

うまい選手《せんしゅ》は、ボールを持《も》っていないときによく首《くび》をふる。これは周《まわ》りを見《み》て、次《つぎ》のプレーの選択肢《せんたくし》をつくるためだ。あわてずに次《つぎ》のプレーをおこなうためにも、ボールを持《も》っていないときの動《うご》きを意識《いしき》しよう。

試合《しあい》の準備《じゅんび》

1

ボールを持《も》っていないときはパスコースを意識《いしき》する

ボールを持《も》った選手《せんしゅ》がこまらないように、ボールを持《も》っていないときは、パスコースができる位置《いち》に動《うご》く。相手《あいて》ディフェンスがよく動《うご》く場合《ばあい》は、その場《ば》で止《と》まることでパスコースができることもある。

試合《しあい》の準備《じゅんび》 2

首《くび》をふって周《まわ》りを見《み》る

ドリブル中《ちゅう》に顔《かお》を上げられない選手《せんしゅ》の多《おお》くは、ボールが足元《あしもと》にきてからはじめて顔《かお》を上《あ》げようとするから焦《あせ》ってしまう。ボールがくる前《まえ》から、首《くび》をふって周《まわ》りを見《み》ておけば、ボールを受《う》けたときも落《お》ち着《つ》いてプレーできる。

試合《しあい》の準備《じゅんび》 3

ディフェンスをおろそかにしない

ジュニア年代《ねんだい》で大切《たいせつ》なことは、「ボールを取《と》られたらくやしい」と思《おも》う気持《きも》ち。取《と》られても取《と》り返《かえ》しに行《い》かない選手《せんしゅ》は、上《うえ》の年代《ねんだい》に行《い》ったときに気持《きも》ちで負《ま》けてしまう。「負《ま》けずぎらい」はうまくなるために欠《か》かせない。

知《し》っておきたい
ポジショニング

ボールよりも相手《あいて》を見《み》て自分《じぶん》のポジションを修正《しゅうせい》しよう

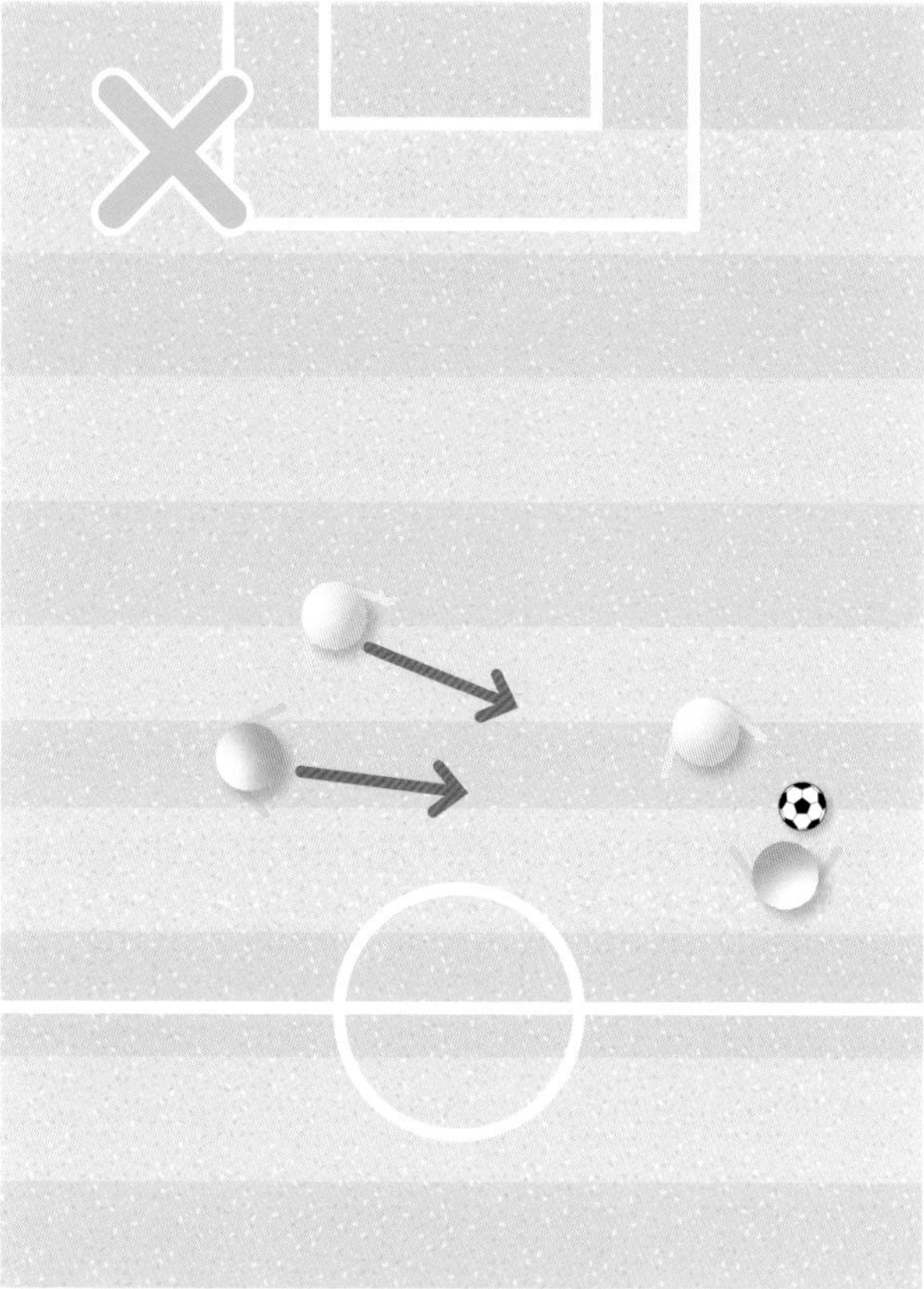

ボールだけを見《み》て動《うご》く

「ボールが右《みぎ》へ行《い》けば、自分《じぶん》も右《みぎ》へ行《い》く」では、ディフェンスと同《おな》じ動《うご》きになりパスコースができない。

パスが来《こ》ないときはポジショニングを見直《みなお》す

せっかく試合《しあい》に出《で》たのにボールが回《まわ》ってこなかったという人は多《おお》いのではないだろうか。相手《あいて》チームが強《つよ》くてディフェンスに追《お》われていたのならしょうがないが、オフェンスの時間《じかん》があったにもかかわらずボールが回《まわ》ってこない場《ば》合《あい》は、自分《じぶん》のポジショニングを見直《みなお》してみよう。

ボールを持《も》った選手《せんしゅ》から自《じ》

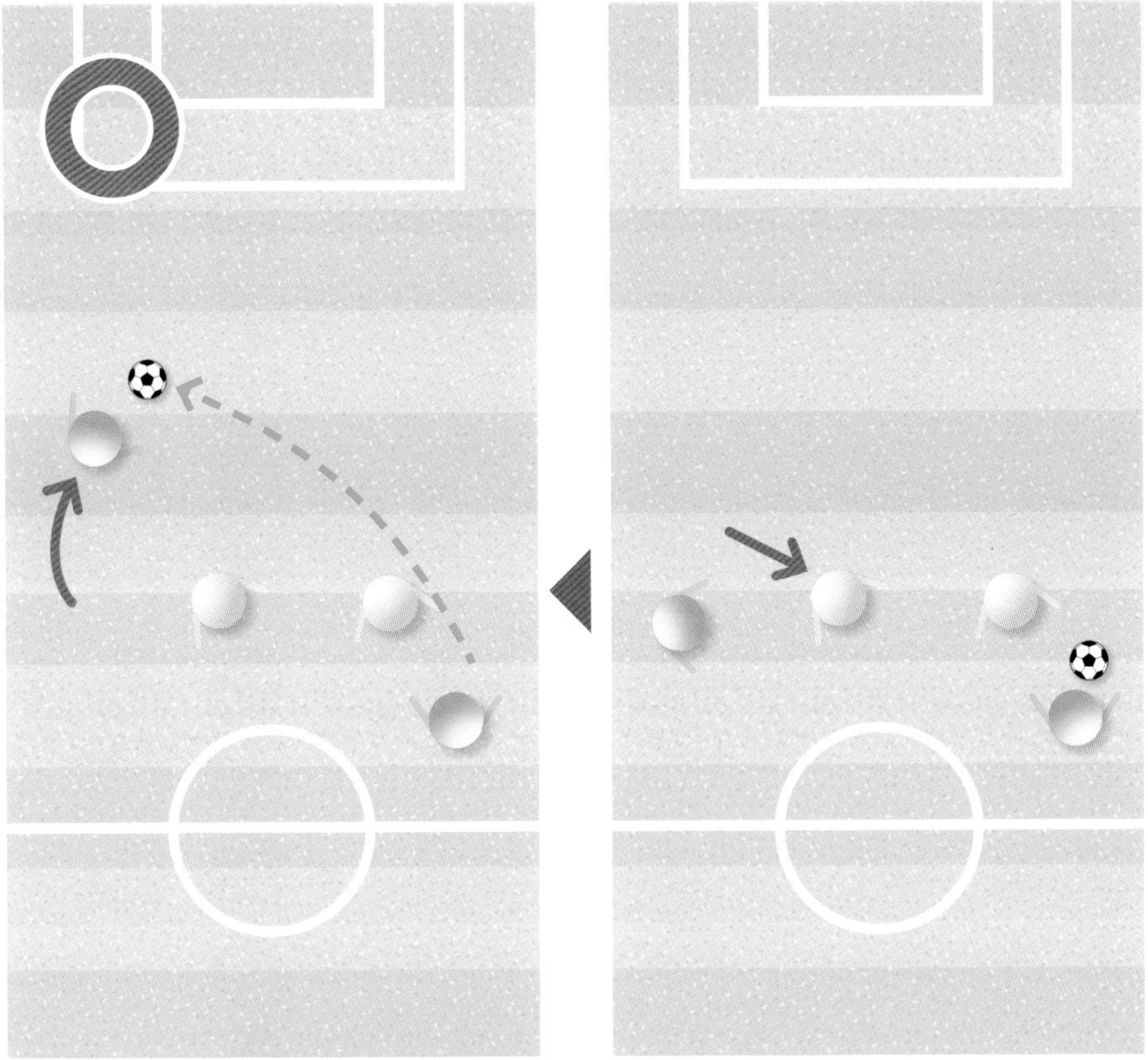

相《あい》手《て》を見《み》て動《うご》く

目《め》の前《まえ》の相《あい》手《て》がボールに合《あ》わせて右《みぎ》へ動《うご》いたのを確《かく》認《にん》。自《じ》分《ぶん》は相《あい》手《て》とは逆《ぎゃく》の左《ひだり》へ動《うご》きパスコースをつくる。これを続《つづ》けることで、相《あい》手《て》のマークを外《はず》してパスを受《う》けることができるようになる。

分《ぶん》へのパスコースがなければ、ボールは回《まわ》ってこない。

このような選《せん》手《しゅ》は〝ボールだけを見《み》ている〟可《か》能《のう》性《せい》が高《たか》い。ボールが右《みぎ》に行《い》ったら自《じ》分《ぶん》も右《みぎ》に動《うご》くというように、ボールに合《あ》わせて動《うご》いているのだ。ディフェンスはボールに合《あ》わせて動《うご》くものなので、これでは同《おな》じような動《うご》きになってしまう。

試《し》合《あい》でボールがよく回《まわ》ってくる選《せん》手《しゅ》は〝ボールではなく相《あい》手《て》を見《み》て〟動《うご》いている。相《あい》手《て》がボールに合《あ》わせて右《みぎ》に行《い》ったら、反《はん》対《たい》に自《じ》分《ぶん》は左《ひだり》のスペースへ行《い》くといった具《ぐ》合《あい》だ。

試《し》合《あい》ではボールではなく相《あい》手《て》を見《み》てポジショニングすることが大《たい》切《せつ》だ。

DVD 5-1

試合《しあい》の基本《きほん》❶ 相手《あいて》を見《み》る

パスを受《う》ける前《まえ》に相手《あいて》の位置《いち》を確《たし》かめる

ふり向《む》いて相手《あいて》を確認《かくにん》

味方《みかた》がパスをする直前《ちょくぜん》に、自分《じぶん》についているディフェンスの位置《いち》を確認《かくにん》する。

次《つぎ》のプレーは相手《あいて》を見《み》てから判断《はんだん》する

パスを受《う》ける前《まえ》に相手《あいて》を見《み》ることで、相手《あいて》との距離《きょり》がわかる。パスカットをされるほど近《ちか》いのか、前《まえ》を向《む》けるほど遠《とお》いのかなどを確認《かくにん》する。

さらにおおまかな相手《あいて》のディフェンススタイル、たとえば寄《よ》せてくるのか、引《ひ》いて守《まも》るのかなどもわかる。それらの情報《じょうほう》をもとに、次《つぎ》のプレーの選択肢《せんたくし》を持《も》つことでよいプレーが生《う》まれる。

動画《どうが》でチェック

○

首《くび》をふって確《かく》認《にん》する

パスを受《う》ける前《まえ》に、首《くび》をふって相手《あいて》の位置《いち》を確認《かくにん》。相手《あいて》が寄《よ》ってきているかどうかでトラップの向《む》きなどを変《か》える。

×

ボールしか見《み》ていない

ボールしか見《み》ていないと相手《あいて》が寄《よ》ってきていることに気《き》がつかないので、トラップぎわで取《と》られやすい。

考《かんが》え方《かた》のヒント

オフザボールでは首《くび》をふるクセをつける

どうしてもボールだけを見《み》てしまう人《ひと》は「オフザボールでは首《くび》をふる」とおぼえておこう。そうすれば相手《あいて》を見《み》ることが習慣化《しゅうかんか》されるようになる。

DVD 5-2

試合《しあい》の基本《きほん》❷ パスコースをつくる

ボールを持《も》っていない選手《せんしゅ》が動《うご》いてパスコースをつくる

ディフェンスと重《かさ》ならない場所《ばしょ》へ動《うご》く

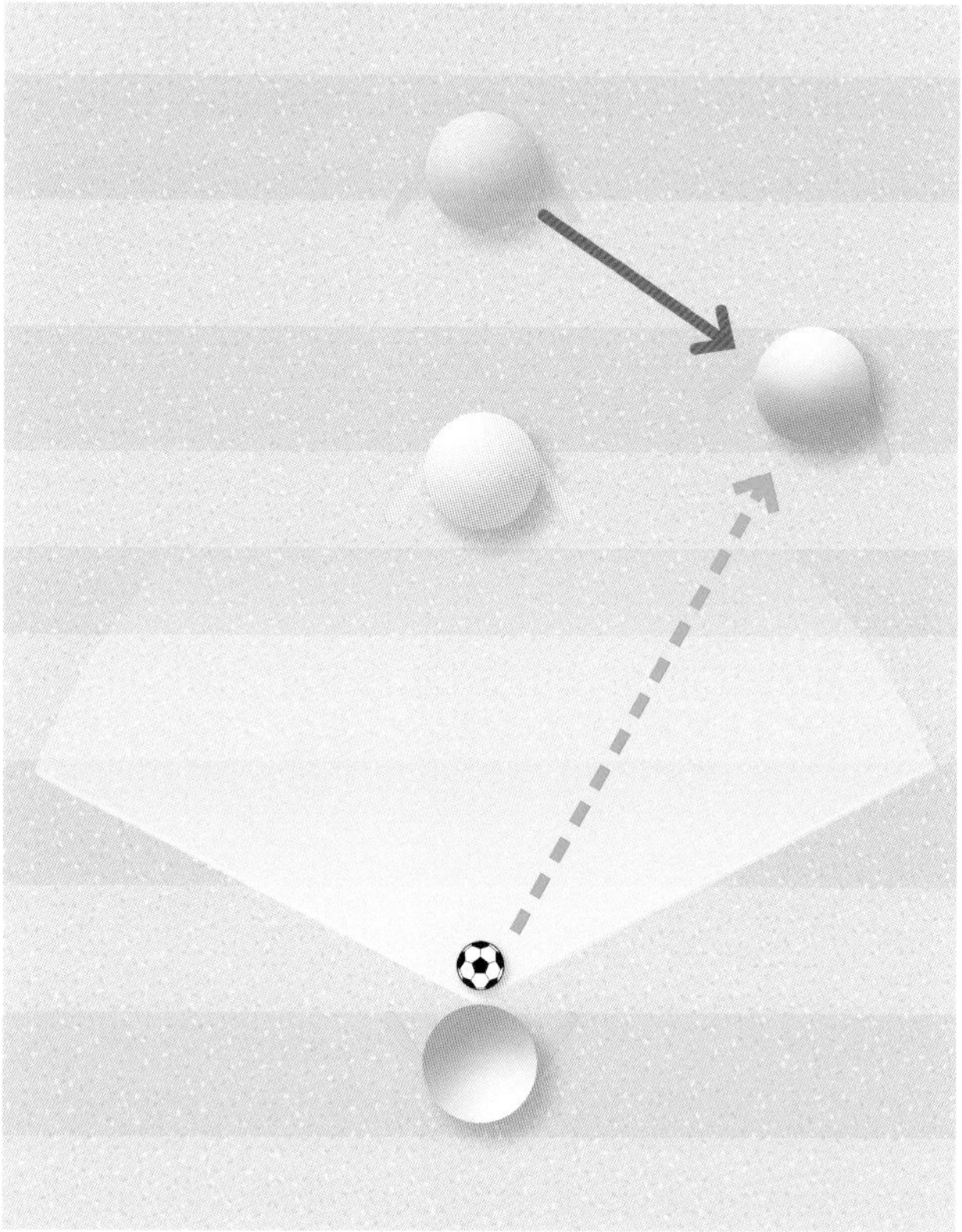

ボールを持《も》った選手《せんしゅ》がこまらないように、ボールを持《も》っていない選手《せんしゅ》は、ディフェンスと重《かさ》ならない場所《ばしょ》へ動《うご》いてパスコースをつくる。

パスコースをつくる動《うご》きが味方《みかた》を助《たす》ける

同《おな》じチームの中《なか》に、試合中《しあいちゅう》に何度《なんど》もパスがくる選手《せんしゅ》はいないだろうか。そのような選《せん》手《しゅ》は、パスコースをつくるのがうまい。がむしゃらに走《はし》り回《まわ》るのではなく、ディフェンスと重《かさ》ならないように少《すこ》しだけ動《うご》いてパスコースを確保《かくほ》する。この動《うご》きで、ボールを持《も》っている選手《せんしゅ》は安全《あんぜん》な選択肢《せんたくし》をひとつ持《も》て、落《お》ち着《つ》いてプレーできるようになる。

動画《どうが》でチェック

○

動《うご》いてパスコースをつくる

パスコースがないと判断《はんだん》したら、すばやく動《うご》いてパスコースをつくる。

×

その場《ば》で受《う》けようとする

ボールと自分《じぶん》の間《あいだ》にディフェンスがいてパスコースがないのに、その場《ば》でパスを待《ま》っている。

考《かんが》え方《かた》のヒント

ボールがこないのは自《じ》分《ぶん》のポジショニングが悪《わる》い

試《し》合《あい》中《ちゅう》、ボールがこないと感《かん》じる人《ひと》は、自《じ》分《ぶん》のポジショニングが悪《わる》いかもしれない。ディフェンスと重《かさ》ならないように動《うご》いてパスコースをつくろう。

DVD 5-3

試合《しあい》の基本《きほん》③ 前《まえ》を向《む》いて受《う》ける

ななめに下《お》りて半身《はんみ》になり前《まえ》を向《む》いてパスを受《う》ける

ななめに下《お》りて半身《はんみ》になる

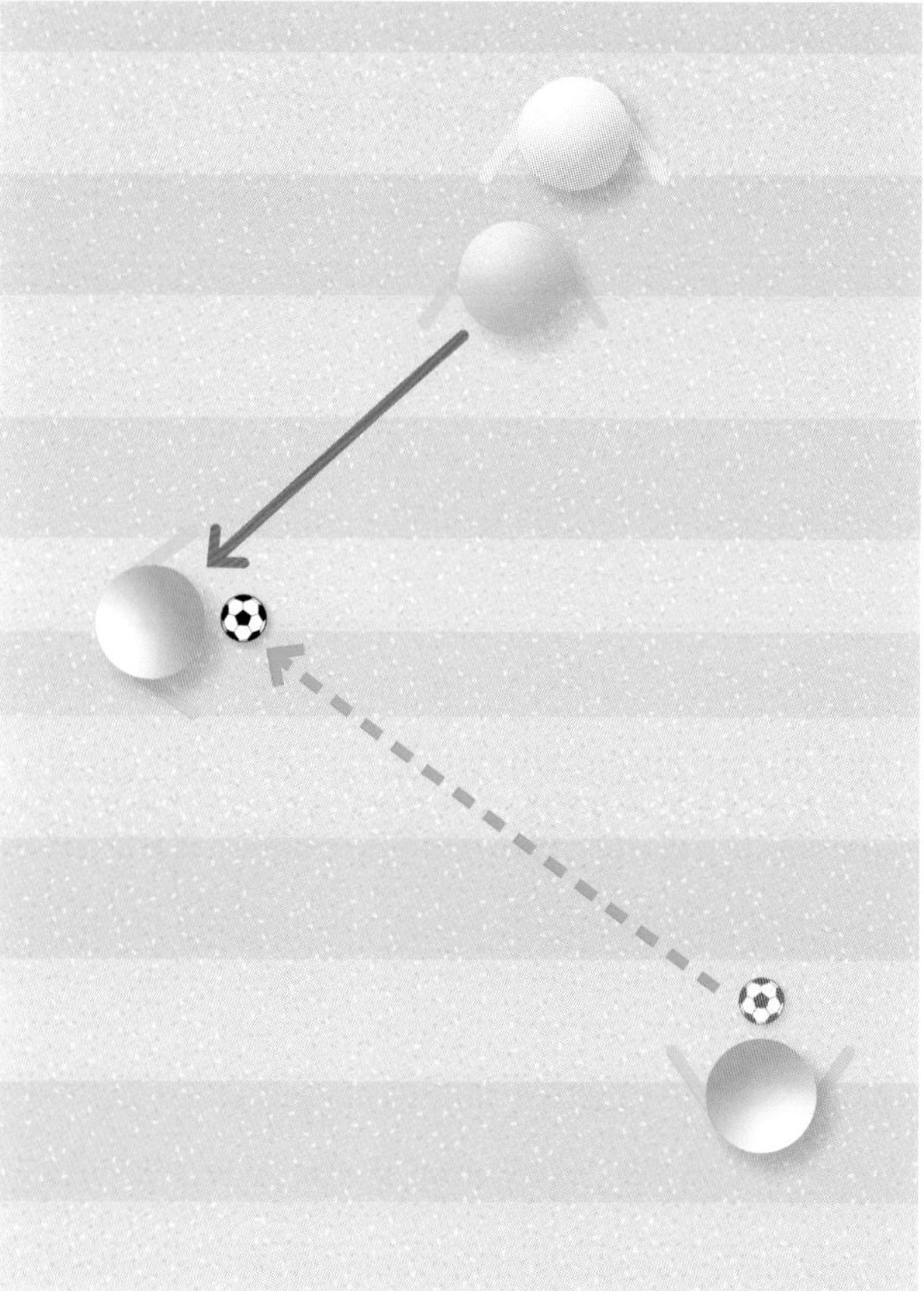

ゴールに背《せ》を向《む》けてパスを受《う》けるよりも、ななめに下《お》りて半身《はんみ》になれば、前《まえ》を向《む》いてパスを受《う》けられる。

瞬間的《しゅんかんてき》に相手《あいて》からはなれて受《う》ける

後方《こうほう》から縦《たて》にパスが入《はい》るとき、中盤《ちゅうばん》や前線《ぜんせん》の選手《せんしゅ》は背《はい》後《ご》にディフェンスがいることが多《おお》い。距離《きょり》があれば前《まえ》を向《む》けるが、背負《せお》うほど近《ちか》い距《きょ》離《り》では前《まえ》を向《む》けずバックパスしかできない。

そのときは、ななめに下《お》りて半身《はんみ》で受《う》けてみるとよい。前《まえ》を向《む》いて瞬間的《しゅんかんてき》に相手《あいて》からはなれることができるので、プレーの選択肢《せんたくし》が増《ふ》える。

動画《どうが》でチェック

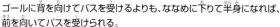

○

半身《はんみ》になり前《まえ》を向《む》いて受《う》ける

ななめに下《お》りて半身《はんみ》になれば、前《まえ》を向《む》いてパスを受《う》けられる。これによって次《つぎ》のプレーの選択肢《せんたくし》が増《ふ》える。

×

ゴールに背《せ》を向《む》け後《うし》ろ向《む》きで受《う》ける

前線《ぜんせん》でポストプレーをする場合《ばあい》はよいが、中盤《ちゅうばん》で相手《あいて》ゴールに背《せ》を向《む》けて受《う》けると、次《つぎ》のプレーの選択肢《せんたくし》が限《かぎ》られる。

考《かんが》え方《かた》のヒント

前《まえ》を向《む》くことで選択肢《せんたくし》が増《ふ》える

パスを受《う》けたときにゴールに背《せ》を向《む》けていると、基本的《きほんてき》に選択肢《せんたくし》はバックパスになるが、前《まえ》を向《む》ければドリブル、パス、シュートなど選択肢《せんたくし》は増《ふ》える。

DVD 5-4

試合《しあい》の基本《きほん》④

相手《あいて》の視野《しや》から消《き》えて背後《はいご》のスペースで受《う》ける

相手《あいて》の視野《しや》から消《き》えて受《う》ける

ディフェンスの視野《しや》から消《き》える

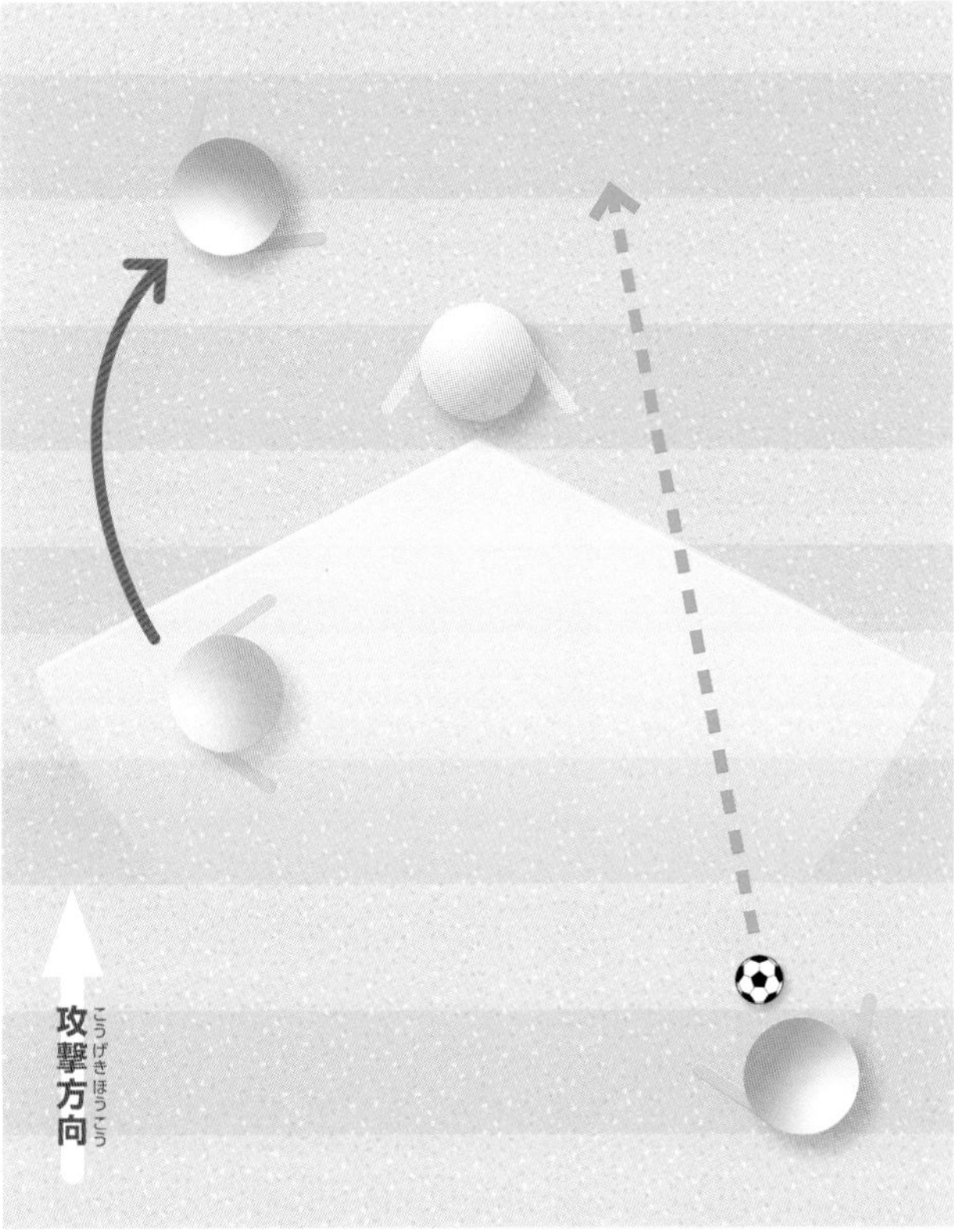

ディフェンスはボールを見《み》ているので、相手《あいて》が「ボールと自分《じぶん》」を同時《どうじ》に見《み》られない位置《いち》まで動《うご》く。

ボールと同時《どうじ》には見《み》えない場所《ばしょ》へ動《うご》く

試合中《しあいちゅう》ディフェンスはつねにボールを視野《しや》に入《い》れている。ボールの位置《いち》が変《か》われば、ポジションやカラダの向《む》きを変《か》える。このとき、その視野《しや》から外《はず》れることができると、チャンスになる。

相手《あいて》がボールと自分《じぶん》とを同《どう》時《じ》に見《み》ることができない位置《いち》に動《うご》き、相手《あいて》の視野《しや》から外《はず》れることで、フリーでパスを受《う》けられるチャンスが増《ふ》える。

動画《どうが》でチェック

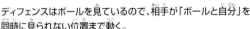

1 ななめに下《お》りる動《うご》きをはじめる

足元《あしもと》でパスを受《う》けようとななめに下《お》り、ディフェンスもついてきた。

2 寄《よ》ってきたらすばやく切《き》り返《かえ》す

ディフェンスがきたタイミングで、すばやくうらを取《と》るために足《あし》をふみ込《こ》む。

3 相手《あいて》のうらでパスを受《う》ける

ボールを見《み》ているディフェンスの視野《しや》から消《き》えて、うらのスペースでパスを受《う》ける。

考《かんが》え方《かた》のヒント

うらのうらをかくという選択肢《せんたくし》もある

試合中《しあいちゅう》に一度《いちど》うらを取《と》ることができたら、ディフェンスにはその記憶《きおく》が残《のこ》り、うらを警戒《けいかい》する。すると、次《つぎ》はうらに抜《ぬ》けずに足元《あしもと》で受《う》けることもできやすくなる。

DVD 5-5

試合《しあい》の基本《きほん》⑤ スペースをつくる

3人《にん》目《め》のためにディフェンスを引《ひ》き連《つ》れスペースをつくる

動画《どうが》でチェック

ディフェンスを引《ひ》き連《つ》れななめに抜《ぬ》ける

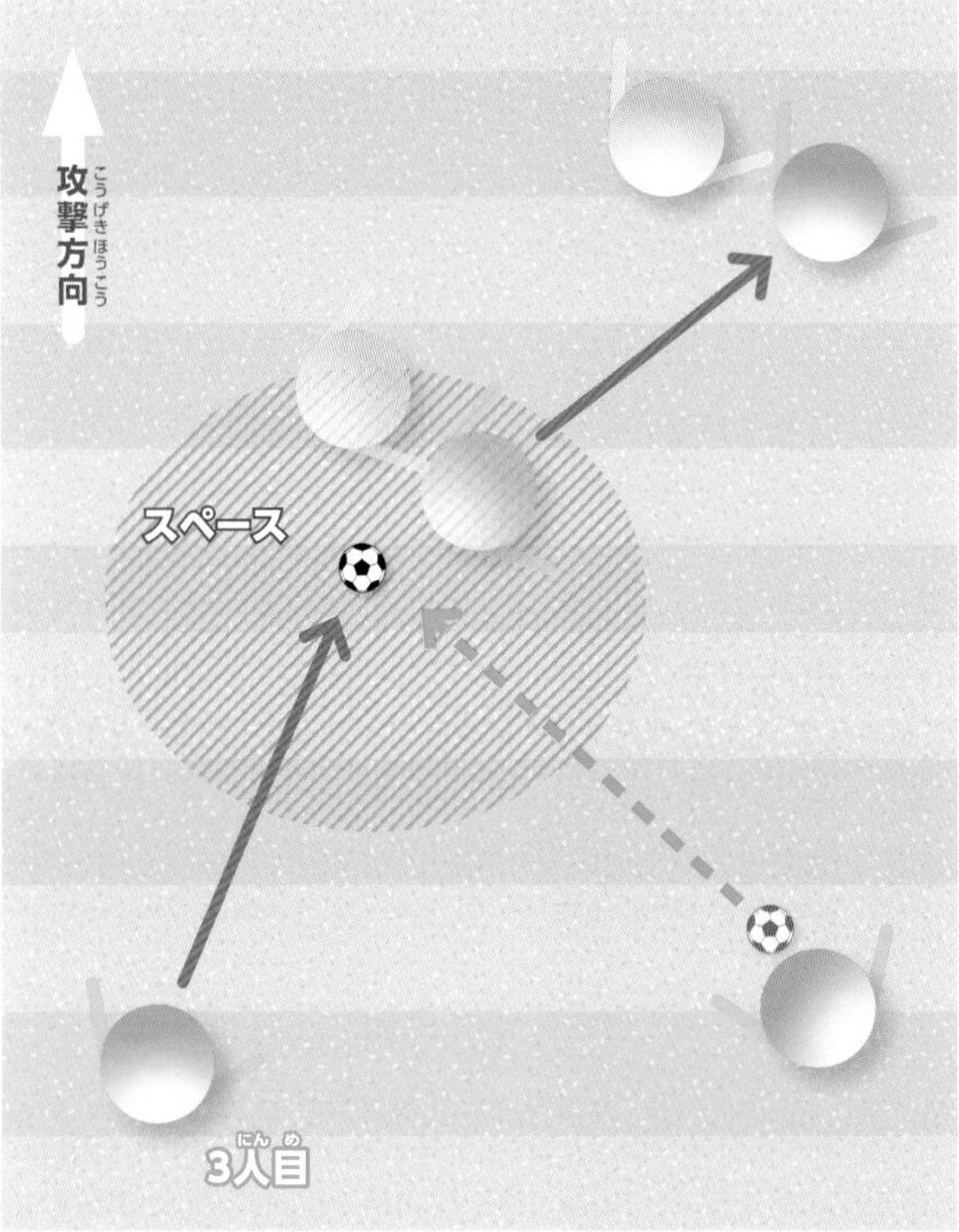

止《と》まらずにななめに走《はし》り抜《ぬ》けることでディフェンスも引《ひ》っ張《ぱ》られる。すると、その場所《ばしょ》にぽっかりとスペースができる。

ボールにふれなくても決定的《けっていてき》な仕事《しごと》ができる

3人目《にんめ》とはボールを持《も》った選手《せんしゅ》とオフザボールである自分《じぶん》以外《いがい》の、もうひとりの味方《みかた》。その味方《みかた》がパスを受《う》けるためのスペースをつくることは、とても重要《じゅうよう》なプレーになる。

ゴール前《まえ》に走《はし》り込《こ》むオフェンスに対《たい》して、ディフェンスは必《かなら》ず追《お》いかけてくるので、元《もと》いた場所《ばしょ》がスペースになる。そこに3人目《にんめ》が飛《と》び込《こ》めば、攻撃《こうげき》はさらに回《まわ》り出《だ》す。

走《はし》り抜《ぬ》けてスペースをつくる

中央《ちゅうおう》の選手《せんしゅ》がディフェンスを引《ひ》き連《つ》れてファーに走《はし》り抜《ぬ》けたことで、ゴール前《まえ》にスペースができ、2列目《れつめ》から3人目《にんめ》が走《はし》り込《こ》んだ。

その場《ば》で止《と》まり
スペースができない

中央《ちゅうおう》の選手《せんしゅ》がその場《ば》でパスを受《う》け、その場《ば》でキープしていると、攻撃《こうげき》のスペースができず、攻撃《こうげき》が停滞《ていたい》してしまうことがある。

考《かんが》え方《かた》のヒント

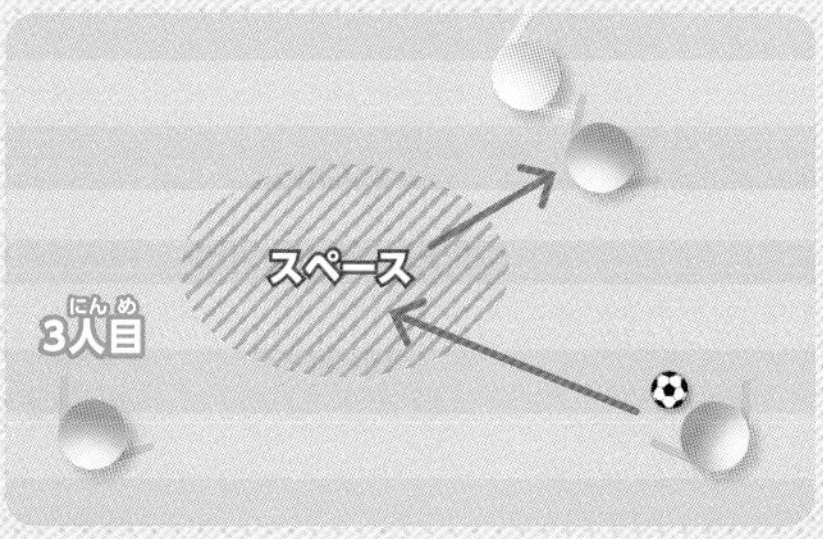

みずからドリブルで
スペースへ運《はこ》ぶのもあり

もし3人目《にんめ》がスペースに飛《と》び込《こ》まなければ、そのままドリブルをしてスペースへ運《はこ》ぶのも有効《ゆうこう》だ。

DVD
5-6

試合《しあい》の基本《きほん》⑥

ギャップで受《う》ける

並《なら》んだディフェンス間《かん》のスペースでパスを受《う》ける

ギャップでパスを受《う》ける

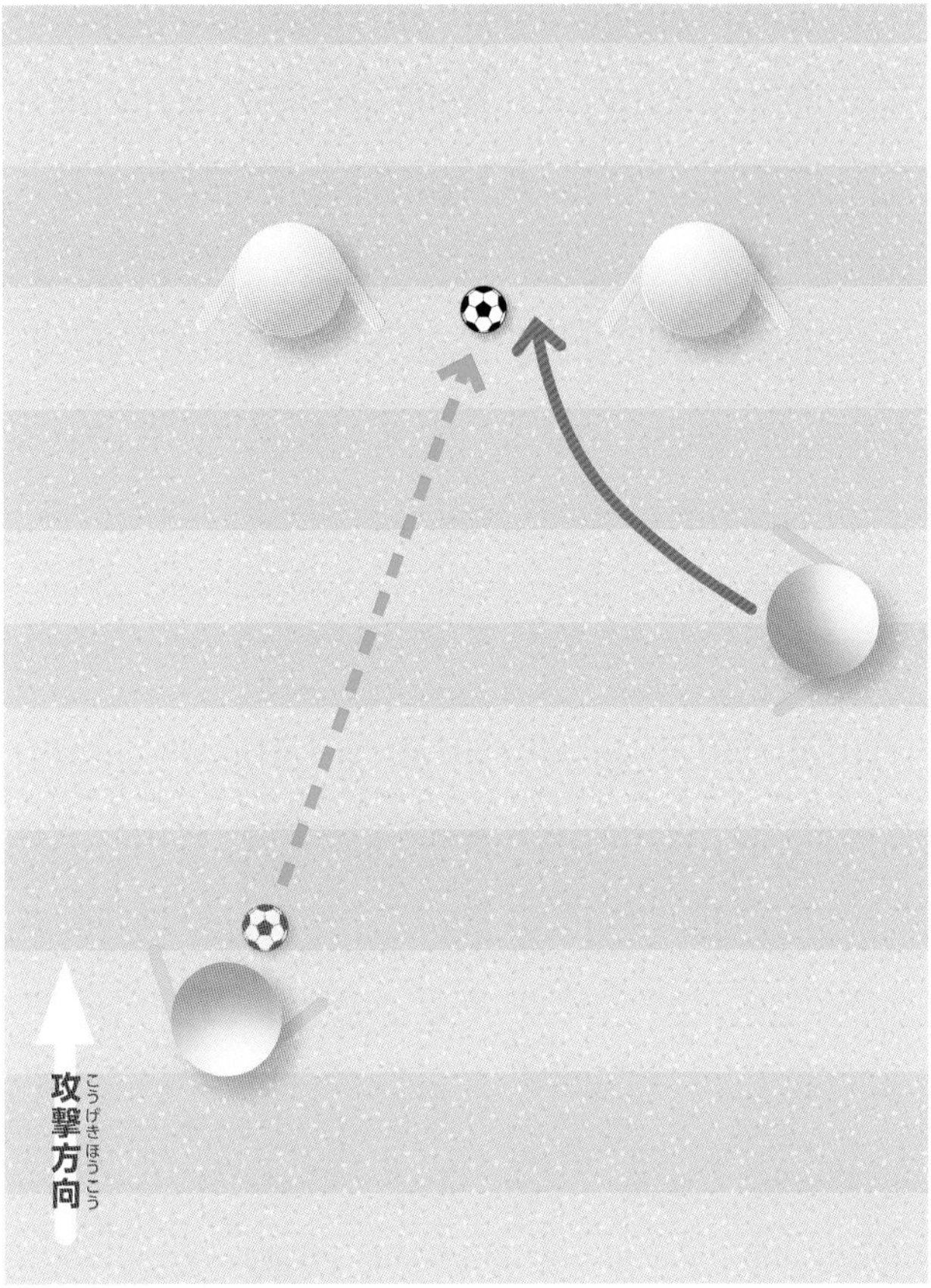

MFとDFの間《あいだ》や、横《よこ》に並《なら》んだディフェンスの間《あいだ》を「ギャップ」とよぶ。
このギャップでパスを受《う》けたい。

視野《しや》の外《そと》から入《はい》って ポジショニング

ディフェンス同士《どうし》の間《あいだ》にあるスペースをギャップとよぶ。横《よこ》に並《なら》んだディフェンスの間《あいだ》やMFとDFの間《あいだ》など、ギャップは色々《いろいろ》なところにある。

試合《しあい》では、ボールを見《み》ながらもギャップをすばやく見《み》つけ、ポジショニングできるとよい。ポジショニングするときは、ディフェンスの視野《しや》の外《そと》から入《はい》ると、相手《あいて》の反応《はんのう》もおくれるのでパスを受《う》けやすくなる。

動画《どうが》でチェック

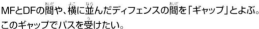

○

2人《ふたり》の間《あいだ》で パスを受《う》ける

並《なら》んだ2人《ふたり》のディフェンスの間《あいだ》に走《はし》り込《こ》んでパスを受《う》ける。ディフェンスはどっちが行《い》くか瞬間的《しゅんかんてき》に迷《まよ》ってしまう。

×

ディフェンスの前《まえ》で パスを受《う》ける

ディフェンスの前《まえ》で受《う》ける。ディフェンスにとってはわかりやすいので迷《まよ》いはない。

考《かんが》え方《かた》のヒント

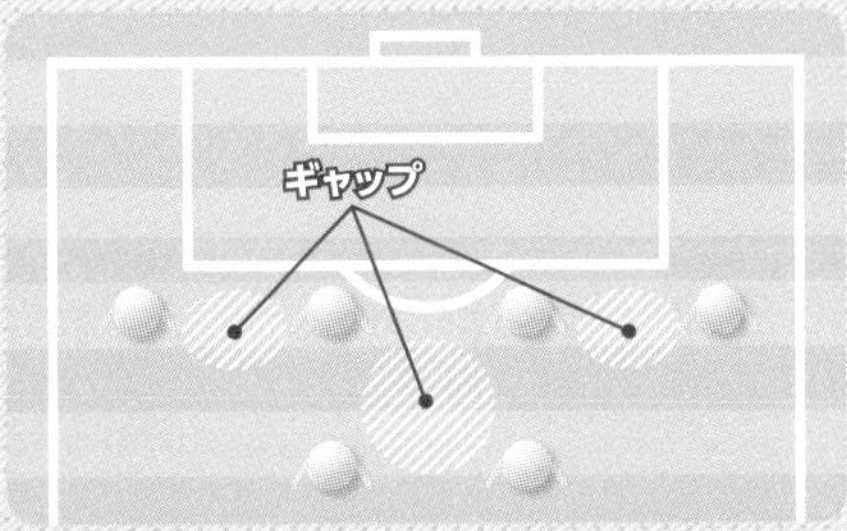

ディフェンスが迷《まよ》う 場所《ばしょ》で受《う》ける

ディフェンスにしたらギャップに入《はい》られると、自分《じぶん》が行《い》くのか、ほかの人《ひと》が行《い》くのか迷《まよ》ってしまう。これがギャップでポジショニングするねらいだ。

DVD 5-7

試合《しあい》の基本《きほん》 7 パス後《ご》の動《うご》き

前《まえ》にスペースがあればパス後《ご》は走《はし》り抜《ぬ》ける

スペースがあれば パス&ゴー

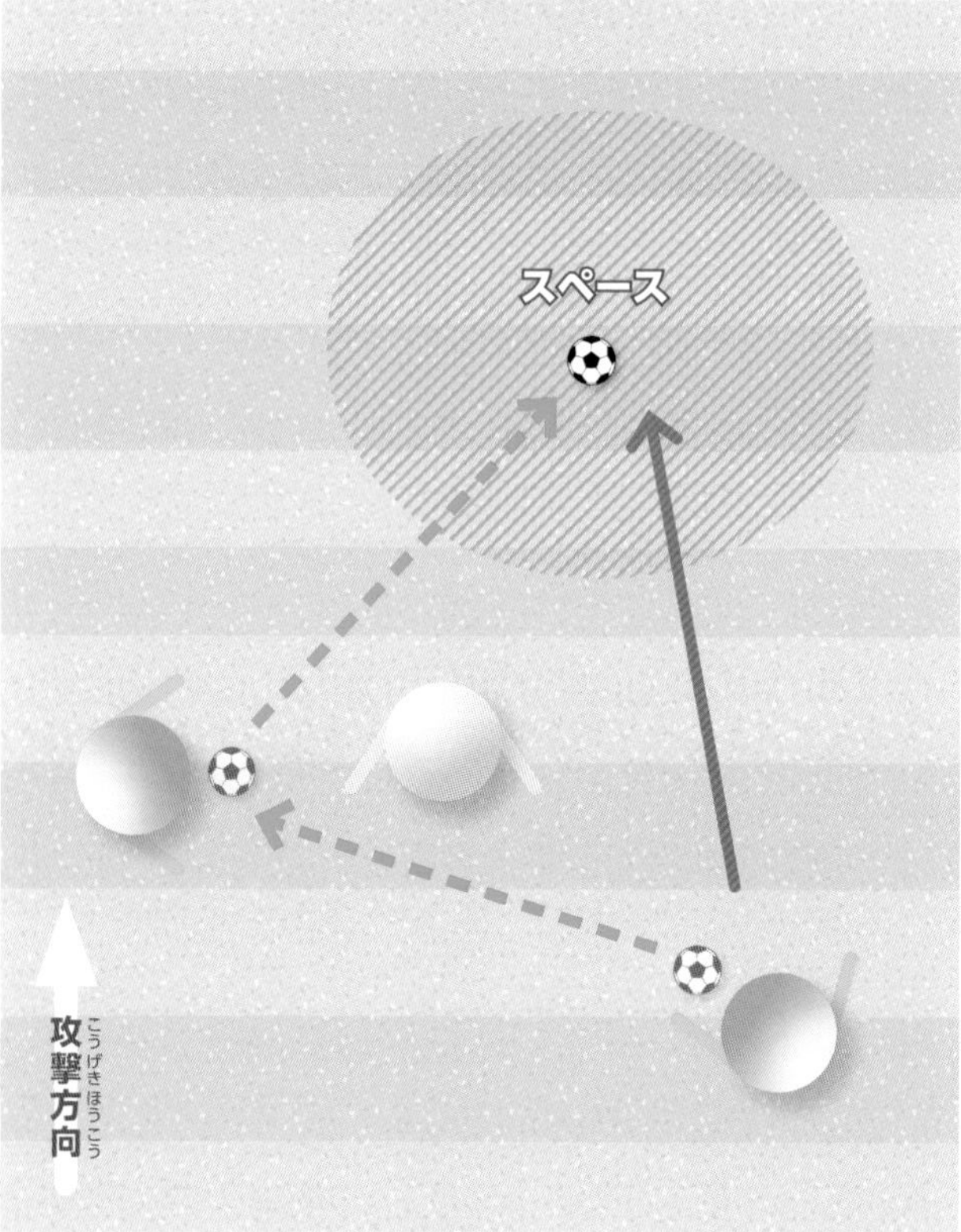

パスを出《だ》したあとに前《まえ》にスペースがあれば、
リターンパスをフリーで受《う》けられる。

走《はし》り抜《ぬ》けることで選《せん》択《たく》肢《し》が生《う》まれる

パスを出《だ》したあとに、その場《ば》でパスを受《う》け直《なお》すのも選《せん》択《たく》肢《し》のひとつだが、前《まえ》にスペースがあれば、そこへ走《はし》り抜《ぬ》けてワンツーパスを受《う》けるという選《せん》択《たく》肢《し》も持《も》っていたい。

なぜなら、走《はし》り抜《ぬ》けることで元《もと》いた場《ば》所《しょ》がスペースになるので、ボールを持《も》った選《せん》手《しゅ》に、「ワンツーパス」と、「スペースへドリブル」という2つの選《せん》択《たく》肢《し》を与えられる。

動画《どうが》でチェック

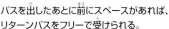

前《まえ》に走《はし》り抜《ぬ》ける

最初《さいしょ》にパスをした選手《せんしゅ》が、前《まえ》に走《はし》ってリターンパスを受《う》ける「ワンツー」は、チャンスになりやすい。

その場《ば》で止《と》まる

前《まえ》にスペースがあるのに最初《さいしょ》にパスをした選手《せんしゅ》が、その場《ば》で止《と》まるのはもったいないし、攻撃《こうげき》も停滞《ていたい》しやすい。

考《かんが》え方《かた》のヒント

走《はし》り抜《ぬ》けることで局面《きょくめん》が変《か》わる

パス後《ご》にその場《ば》で止《と》まると、ボールを持《も》つ選手《せんしゅ》が変《か》わるだけで局面《きょくめん》は大《おお》きく変《か》わらないが、走《はし》り抜《ぬ》ければ、ワンツーができ、スペースもできるので局面《きょくめん》が変《か》わる。

試合《しあい》の基本《きほん》 8

シュートのねらい方《かた》

キーパーが出《で》てくる前《まえ》に四《よ》すみをねらってシュート

基本《きほん》は四《よ》すみをねらう

シュートの基本《きほん》はキーパーが届《とど》きにくい四《よ》すみ。正確《せいかく》にねらうならインサイドキック。強《つよ》いシュートならインステップキック。曲《ま》げるならインフロントキックが一般的《いっぱんてき》。

パスをするように四《よ》すみをねらう

シュートはゴールの四《よ》すみをねらうのがセオリー。下《した》のすみはインサイドキックでパスをするイメージでけってみよう。上《うえ》の両《りょう》すみはインステップキックやインフロントキックでねらってみよう。

　コースをねらう自信《じしん》がなければ、キーパーの右《みぎ》か左《ひだり》に思《おも》い切《き》りけってみてもいいだろう。上体《じょうたい》をかぶせて力《りき》まずふり抜《ぬ》こう。

キーパーが出《で》なければ
シュートコースは広《ひろ》い

キーパーが距離《きょり》をつめてこなければシュートコースは広《ひろ》い。あわてることなく四《よ》すみのコースをねらおう。

キーパーが出《で》てくると
シュートコースはせまい

1対《たい》1ではキーパーは距離《きょり》をつめるのが基本《きほん》。近寄《ちかよ》られるとシュートコースがなくなるので、抜《ぬ》くかパス、またはループシュートが選択肢《せんたくし》になる。

上達《じょうたつ》のコツ

ゴールを見《み》て
キーパーの動《うご》きを止《と》める

キーパーはシュートを打《う》たれると思ったら足《あし》を止《と》めかまえる。そのためゴールを見《み》てシュートを打《う》つと思《おも》わせて、距離《きょり》をつめられるのをおくらせるのも有効《ゆうこう》。

試《し》合《あい》の基《き》本《ほん》⑨ スローインのやり方《かた》

ボールが完《かん》全《ぜん》にピッチ外《がい》に出《で》たらスローイン

ラインをこえたらスローイン

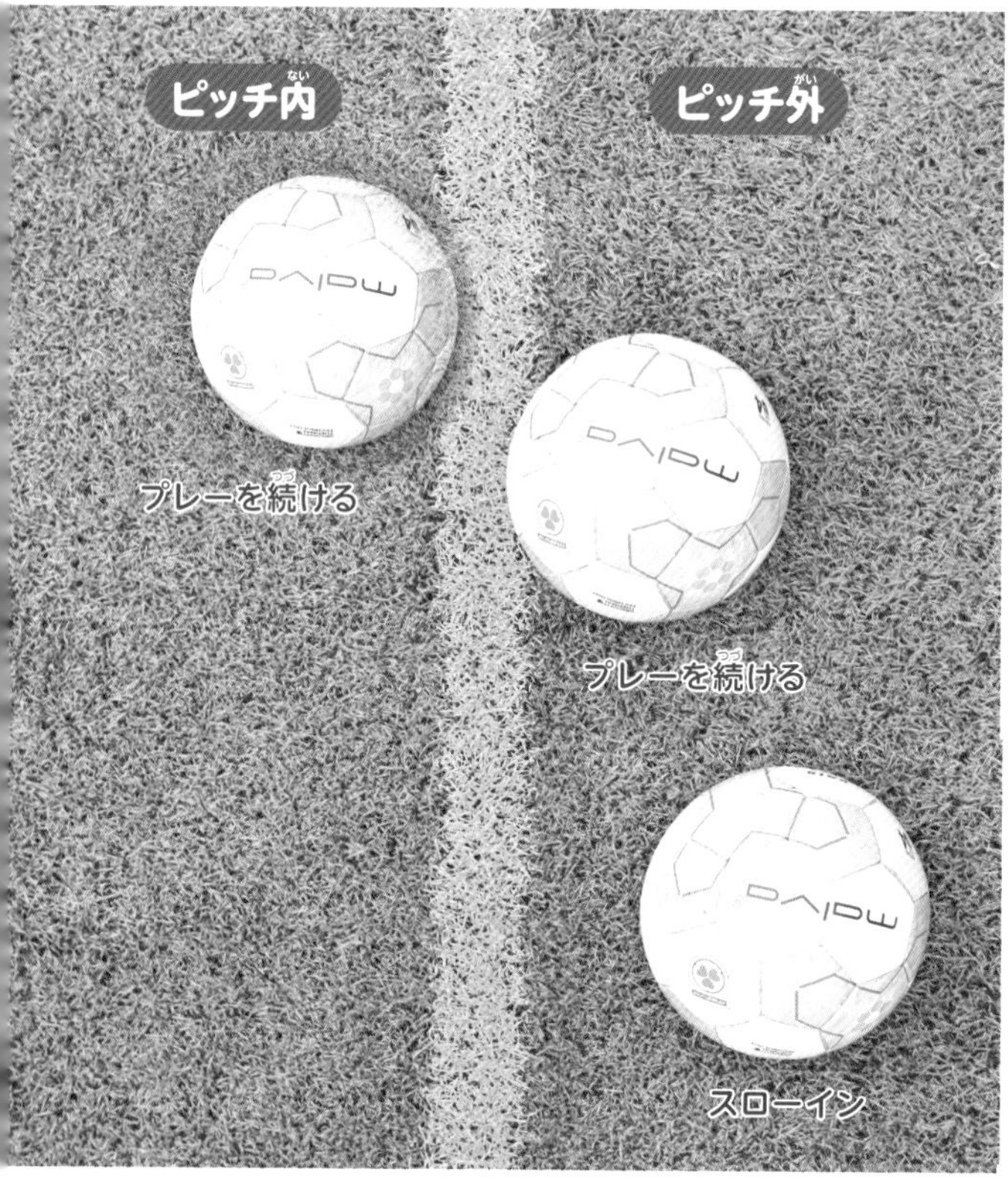
ピッチ内《ない》
ピッチ外《がい》
プレーを続《つづ》ける
プレーを続《つづ》ける
スローイン

ボールが1mmでもライン上《じょう》にあればプレーは続《つづ》けられる。
ボールが完《かん》全《ぜん》にラインをこえたらスローインになる。

リターンパスにそなえておく

スローインのポイントは、受《う》け手《て》がコントロールしやすい足元《あしもと》に投《な》げること。胸《むね》や太《ふと》ももの高《たか》さでもいいが、ジュニア年代《ねんだい》であれば、まずは足元《あしもと》に投《な》げられるように練《れん》習《しゅう》しよう。

投《な》げたあとは、受《う》け手《て》がそのままワンタッチでパスを返《かえ》すことが多《おお》いので、すぐにピッチへ入《はい》りパスを受《う》ける準《じゅん》備《び》をしておくこと。

正《ただ》しいスローインのやり方《かた》

両足《りょうあし》(一部《いちぶ》でも、前後《ぜんご》に開《ひら》いてもOK)を地面《じめん》につけたまま投《な》げる

頭《あたま》の上《うえ》を通《とお》して両手《りょうて》で投《な》げる

両手《りょうて》でボールをつかんでかまえる

×頭上《ずじょう》を通過《つうか》しない

ボールを後《うし》ろから頭上《ずじょう》を通過《つうか》させて投《な》げなければファールスロー。近い味方《みかた》に投《な》げるときに起《お》こりやすい。

×足《あし》が浮《う》く

足《あし》を前後《ぜんご》に開《ひら》いて遠《とお》くに投《な》げるときに、後《うし》ろ足《あし》が完全《かんぜん》に浮《う》くとファールスロー。

考《かんが》え方《かた》のヒント

スローインにはオフサイドがない

スローインにはオフサイドがないので、ディフェンスが無警戒《むけいかい》ならスローワーはそのディフェンスの背後《はいご》に投《な》げるのも有効《ゆうこう》だ。

ゴールキーパーの基本《きほん》❶ 基本姿勢《きほんしせい》

かるくヒザを曲《ま》げて手《て》のひらを前《まえ》に向《む》ける

基本的《きほんてき》なかまえ

両足《りょうあし》を肩幅《かたはば》よりやや広《ひろ》めに開《ひら》き、ヒザをかるく曲《ま》げる。手《て》のひらは前《まえ》に向《む》けて開《ひら》き、シュートにすぐ対応《たいおう》できる姿勢《しせい》でかまえる。

基本姿勢《きほんしせい》はあるが姿勢《しせい》は固《かた》めない

ゴールキーパーの基本姿勢《きほんしせい》は上《うえ》の写真《しゃしん》のように、足《あし》を肩《かた》幅《はば》より広《ひろ》めに開《ひら》き、かるくヒザを曲《ま》げて両手《りょうて》を前《まえ》に向《む》ける。

だが、ずっとこの姿勢《しせい》でいる必要《ひつよう》はない。ボールがきたときにすばやく反応《はんのう》することが大切《たいせつ》なので、その場《ば》で小《ちい》さくジャンプをしたり、肩《かた》が力《りき》まないように適度《てきど》に回《まわ》すなど、自分《じぶん》がよいと思《おも》う動《うご》きを取《と》り入《い》れてみよう。

ボールとゴールの中心《ちゅうしん》を結《むす》んだ線上《せんじょう》に立《た》つ

立《た》ち位置《いち》に迷《まよ》ったら、ボールがある位置《いち》とゴールの中心《ちゅうしん》を線《せん》で結《むす》び、その線上《せんじょう》に立《た》つとよい。

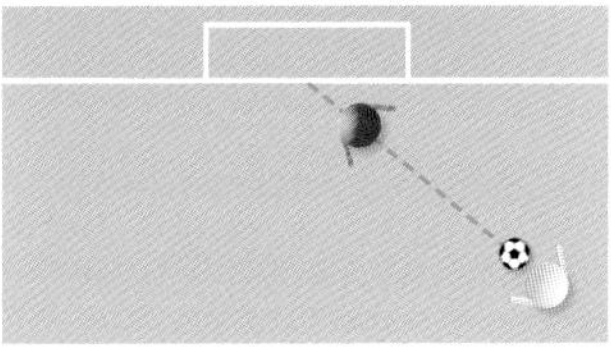

上達《じょうたつ》のコツ

かかとを少《すこ》しだけ浮《う》かせておく

かかとを地面《じめん》につけておくよりも、少《すこ》しだけ浮《う》かせていた方《ほう》が、シュートに対《たい》してすばやく1歩目《いっぽめ》が出《で》る。

ゴールキーパーの基本《きほん》② ボールの取《と》り方《かた》

ボールをよく見《み》て両手《りょうて》を使《つか》って止《と》める

足元《あしもと》のボールの取《と》り方《かた》

ゴロの球《たま》は片方《かたほう》のヒザを横《よこ》向きについて、股《また》の下《した》をトンネルすることを防《ふせ》ぐ。ボールは両手《りょうて》でキャッチする。

ボールのこわさは少《すこ》しずつ克服《こくふく》できる

ボールが飛《と》んできたら、最《さい》初《しょ》はだれだってこわいと思《おも》うもの。実際《じっさい》に顔《かお》に当《あ》たれば痛《いた》い。だからキーパー練習《れんしゅう》はゆっくりとしたボール速度《そくど》で、ボールになれることからはじめよう。

すると、いつの間《ま》にかボールをこわいと思《おも》わなくなり、顔《かお》をそむけることなく、最《さい》後《ご》までしっかり目《め》で追《お》えるようになる。

高《たか》いボールの取《と》り方《かた》

片方《かたほう》のヒザを曲《ま》げて相手《あいて》チームの選手《せんしゅ》をブロックしながら取《と》りに行《い》く。キャッチがむずかしいときはパンチング。

真横《まよこ》のボールの取《と》り方《かた》

真横《まよこ》に飛《と》んで足《あし》から着地《ちゃくち》する。ボールを抱《だ》きかかえるようにしてつかむ。

1対《たい》1の防《ふせ》ぎ方《かた》

股下《またした》のトンネルをさけるため、ヒザをしぼりながら、両手《りょうて》を広《ひろ》げてシュートコースを消《け》す。相手選手《あいてせんしゅ》よりも先《さき》にボールにさわることを意識《いしき》する。

ダイビングキャッチ

1 両《りょう》ヒザをかるく曲《ま》げて、かかとをわずかに浮《う》かせているのがわかる。

2 右足《みぎあし》をクロスさせてふみ出《だ》し、ボールに対《たい》して飛《と》びつく準備動作《じゅんびどうさ》に入《はい》った。

3 ふみ出《だ》した右足《みぎあし》で地面《じめん》をけり、真横《まよこ》にジャンプ。両手《りょうて》は前《まえ》に向《む》けられている。

4 カラダを低《ひく》く保《たも》ちながら真横《まよこ》に飛《と》んでいる。

5 ボールをこわがらずに両手《りょうて》でキャッチしに行《い》き、左足《ひだりあし》から地面《じめん》についている。

6 着地《ちゃくち》で手首《てくび》や指《ゆび》をケガしないためには、手《て》を地面《じめん》につけないことが大事《だいじ》。

パントキック

1 ける前《まえ》に味方《みかた》に指示《しじ》を送《おく》り、ポジショニングを修正《しゅうせい》させている。

2 ボールをかるく上《うえ》に投《な》げて、ボールをよく見《み》ながらバックスイングに入《はい》っている。

3 軸足《じくあし》のつま先《さき》をけりたい方向《ほうこう》へしっかりふみ込《こ》んでいる。

4 足《あし》の甲《こう》でボールをとらえるインステップキックをしている。

5 足《あし》は力《りき》ませることなく、大《おお》きくふり抜《ぬ》いている。カラダの軸《じく》もまっすぐだ。

6 遠心力《えんしんりょく》を使《つか》って足《あし》がスムーズにふり出《だ》されたきれいなキック。

試合《しあい》のための練習《れんしゅう》ドリル ❶

DVD 5-8

動画《どうが》でチェック

2対《たい》1

練習《れんしゅう》ドリル ねらい

運《はこ》ぶドリブルで パスコースをつくる

中央《ちゅうおう》のディフェンスはパスコースを切《き》る。ボールを持《も》った選手《せんしゅ》はパスできなければスペースへボールを運《はこ》んでからパスをする。このドリブルとパスの2択《たく》を意識《いしき》して、どちらもすぐにおこなえるようになろう。

スタート位置《いち》と動《うご》き方《かた》

●人数《にんずう》：3人《にん》 ●コーン：4つ

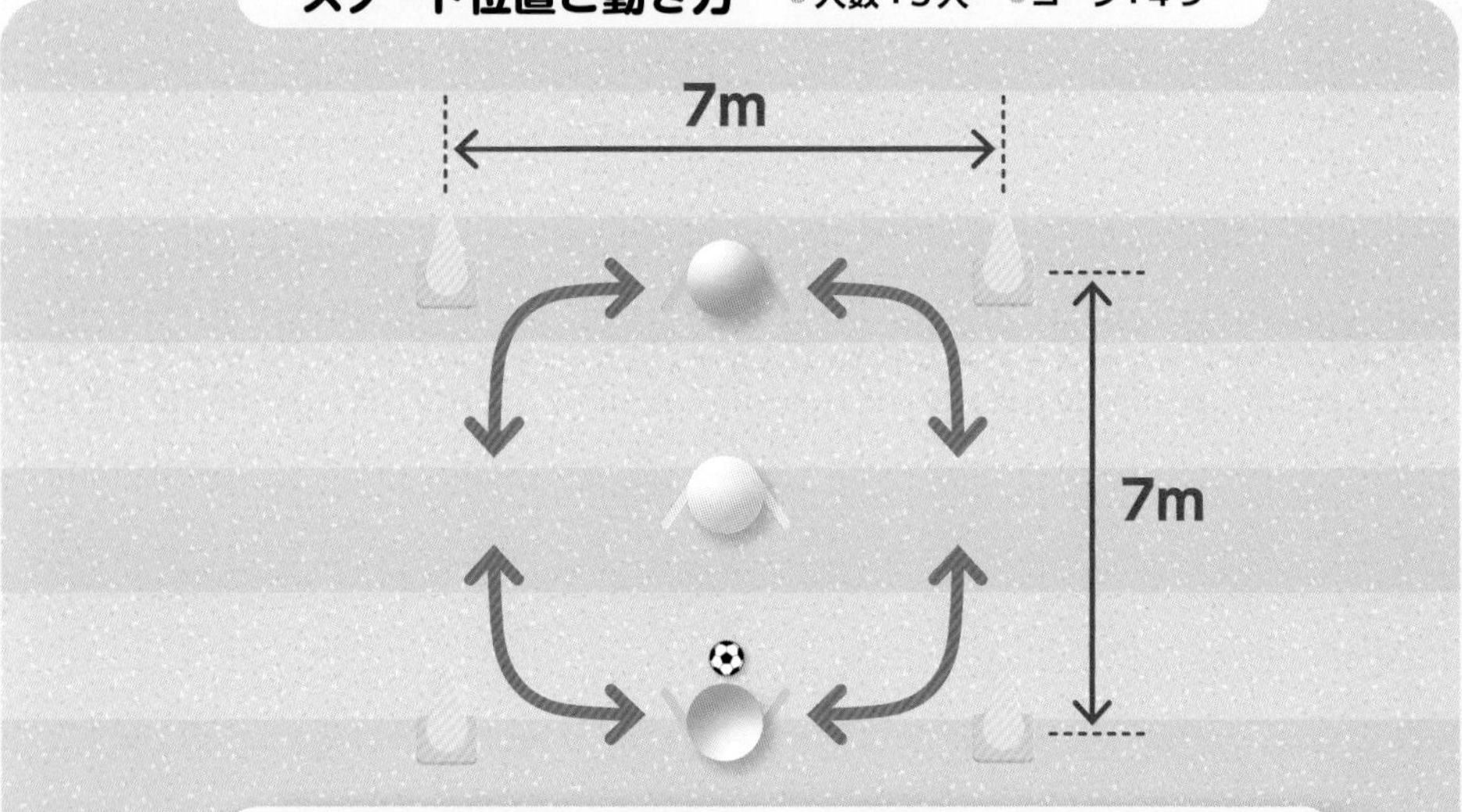

これはボールを持《も》った選手《せんしゅ》だけの練習《れんしゅう》ではない。受《う》け手《て》はパスコースをつくる動《うご》き、ディフェンスはパスコースを切《き》る動《うご》きを意識《いしき》してドリルに取《と》り組《く》もう。

やり方《かた》

1 パスコースを切《き》りながら寄《よ》せる

中央《ちゅうおう》のディフェンスは、パスコースを切《き》りながらボールを持《も》った選手《せんしゅ》に寄《よ》せる。

2 ドリブルでスペースへ運《はこ》ぶ

ボールを持《も》った選手《せんしゅ》は、パスコースがなくなったら、ドリブルでスペースへ運《はこ》びディフェンスから距離《きょり》をとる。

3 受《う》け手《て》も動《うご》いてパスコースをつくる

受《う》け手《て》も横《よこ》へずれてパスコースをつくり、パスを受《う》ける。パスが通《とお》ったら、1の状態《じょうたい》になるので、くり返《かえ》す。

ココで差《さ》がつく!

パスコースは受《う》け手《て》がつくる

受《う》け手《て》はディフェンスと重《かさ》ならないように、左右《さゆう》に動《うご》いてパスコースを確保《かくほ》する。

試合《しあい》のための練習《れんしゅう》ドリル ②

DVD 5-9

動画《どうが》でチェック

2対《たい》1＋GK

練習《れんしゅう》ドリル ねらい

縦《たて》突破《とっぱ》か横《よこ》パスかを正確《せいかく》に判断《はんだん》する

数的優位《すうてきゆうい》な状況《じょうきょう》でシュートまで行《い》く。ディフェンスを抜《ぬ》ければ抜《ぬ》いてもよいが、2対《たい》1なので、リスクを取《と》らずにパスで崩《くず》すこともできる。その判断《はんだん》をやしなう。

スタート位置《いち》と動《うご》き方《かた》

●人数《にんずう》：4人《にん》　●コーン：なし

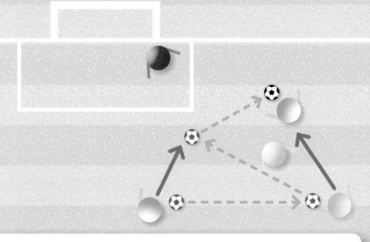

数的優位《すうてきゆうい》なのでオフェンスは最低《さいてい》でもシュート。ディフェンスはボールを取《と》れたら上出来《じょうでき》だ。GKは1対《たい》1の場面《ばめん》で前《まえ》に飛《と》び出《だ》すのか、その場《ば》にいるのかの判断《はんだん》をやしなおう。

やり方《かた》

1 パス交換《こうかん》からスタート

最初《さいしょ》は2人《ふたり》のオフェンスが横《よこ》パスをしてからスタート。ディフェンスはパスが通《とお》ってから動《うご》く(パス後《ご》10秒《びょう》以《い》内《ない》にシュートなど制限《せいげん》をつくるのもよい)。

2 抜《ぬ》ければ縦突破《たてとっぱ》もあり

ドリブルで縦突破《たてとっぱ》ができればシュートまで行《い》けるので、抜《ぬ》けると判断《はんだん》したら仕掛《しか》けるのもあり。

3 ワンツーで少《すく》ないリスクで崩《くず》す

数的優位《すうてきゆうい》なので、ポジショニングを間違《まちが》えなければ相手《あいて》を抜《ぬ》くことはむずかしくない。パスを出《だ》したら前《まえ》に走《はし》りフリーで受《う》けよう。

横《よこ》を切《き》られたら縦突破《たてとっぱ》

縦《たて》を切《き》られたら横《よこ》パス

ココで差《さ》がつく!

ディフェンスの体勢《たいせい》を見《み》る

数的優位《すうてきゆうい》でボールを失《うしな》うことはさけたい。ディフェンスが縦《たて》と横《よこ》のどちらを切《き》っているかを見《み》て、正《ただ》しい判断《はんだん》をしよう。

連続写真《れんぞくしゃしん》で確認《かくにん》！

縦突破《たてとっぱ》と横《よこ》パスの判断《はんだん》

縦《たて》が切《き》られたので横《よこ》パス

1 ディフェンスは半身姿勢《はんみしせい》になりラインぎわに追《お》い込《こ》もうとしている。

2 ラインぎわから縦突破《たてとっぱ》をするだけのスペースがないと判断《はんだん》。

3 左足《ひだりあし》でパスをしやすい位置《いち》にボールを押《お》し出《だ》す。

4 ディフェンスが足《あし》を出《だ》さないか見《み》ながら、すばやくパス動作《どうさ》に入《はい》る。

5 ヒザから下《した》をコンパクトにふり上《あ》げてインサイドキック。

6 足《あし》の内側《うちがわ》のかかとよりで強《つよ》くて正確《せいかく》なインサイドキックでパスを出《だ》した。

横《よこ》パスと見《み》せかけて縦突破《たてとっぱ》

1 ディフェンスはどちらかといえば、横《よこ》パスを切《き》るポジショニング。

2 それでもボールを持《も》った選手《せんしゅ》は、横《よこ》パスをするためのカラダの向《む》きをつくる。

3 それを見《み》たディフェンスは、パスコースを切《き》るため右足《みぎあし》を開《ひら》いた。

4 ディフェンスの重心《じゅうしん》が右足《みぎあし》に乗《の》ったタイミングで、すばやく切《き》り返《かえ》し。

5 ボールの左側《ひだりがわ》をインサイドで押《お》し出《だ》し縦突破《たてとっぱ》。

6 パスカットをねらっていたディフェンスの逆《ぎゃく》をついた見事《みごと》な判断《はんだん》だ。

試合《しあい》のための練習《れんしゅう》ドリル ③

DVD 5-10

動画《どうが》でチェック

3対《たい》2＋GK

練習《れんしゅう》ドリル ねらい

時間《じかん》をかけずにシュートまで行《い》く

数的優位《すうてきゆうい》でエリアも大《おお》きく使《つか》える。オフザボールの2人《ふたり》がディフェンスの動《うご》きを見《み》て的確《てきかく》にポジショニングできたら、リスクを取《と》ることなく、短《みじか》い時間《じかん》でシュートまで行《い》ける。その判断《はんだん》をやしなう。

スタート位置《いち》と動《うご》き方《かた》

●人数《にんずう》：6人《にん》 ●コーン：2つ

試合《しあい》では、すぐにディフェンスが戻《もど》ってくるので数的優位《すうてきゆうい》でいられる時間《じかん》は短《みじか》い。そのため時間《じかん》をかけずにシュートまで行《い》くことを意識《いしき》しよう。

やり方《かた》

1 パス交換《こう かん》からスタート

ドリブルもパスも自由《じ ゆう》におこなう。ディフェンスはボールを取《と》れたら、コーン間《かん》のラインゴールを通《とお》り抜《ぬ》ける。

2 時間《じ かん》をかけずにシュートまで行《い》く

フリーの味方《み かた》はパスコースやスペースをつくり、時間《じ かん》をかけずにシュートすることを目指《め ざ》す。

3 スタート位置《い ち》を変《か》えておこなう

スタート位置《い ち》を変《か》えることで、オフザボールの動《うご》きやディフェンスの向《む》きも変《か》わるので、判断力《はん だん りょく》をやしなえる。

ココで差《さ》がつく!

ディフェンスのねらいに注意《ちゅう い》

ディフェンスはプレーの選択肢《せん たく し》を限定《げん てい》させるポジションを取《と》る。ここでは右《みぎ》へのパスコースを切《き》り、せまい方《ほう》へ追《お》い込《こ》んでいる。オフェンスはそのねらいを感《かん》じ、逆《ぎゃく》をつきたい。

練習《れんしゅう》や試合《しあい》前《まえ》に思《おも》い出《だ》そう!

これだけは覚《おぼ》えておきたい

Part 5のおさらい

ボールを追《お》いかけるだけのサッカーにならないように気《き》をつけること。ディフェンスを見《み》て、その逆《ぎゃく》をついたり、味方《みかた》のためにスペースをつくったり、チームで協力《きょうりょく》して勝利《しょうり》を目指《めざ》そう。

おさらい ❶

パスコースは受《う》け手《て》がつくる

□ ボールを持《も》っていない選手《せんしゅ》がパスコースをつくる。

□ パスコースをつくるにはディフェンスと重《かさ》ならないこと。

受《う》け手《て》が
パスコースを
つくる!

ディフェンスと
重《かさ》ならない
場所《ばしょ》に動《うご》く!

おさらい ❷

前《まえ》を向《む》ければ選択肢《せんたくし》が増《ふ》える

□前《まえ》を向《む》いてボールを受《う》けると、次《つぎ》のプレーの選択肢《せんたくし》が増《ふ》える。

□相手《あいて》の背後《はいご》のスペースでパスを受《う》けられると大《おお》きなチャンスになる。

相手《あいて》の視野《しや》から消《き》える!

半身《はんみ》になり前《まえ》を向《む》いて受《う》ける!

おさらい ❸

ゴールキーパーもやってみよう

□キーパーの基本姿勢《きほんしせい》はかるくヒザを曲《ま》げ、手《て》のひらをボールに向《む》ける。

□立《た》ち位置《いち》は、ボールとゴールの中心《ちゅうしん》を結《むす》んだ位置《いち》に立《た》つ。

□足元《あしもと》のボールは片方《かたほう》のヒザをついて腰《こし》を落《お》として取《と》る。

手《て》のひらは前《まえ》に向《む》ける!

片《かた》ヒザをついて取《と》る!

知《し》っておきたい サッカー用《よう》語《ご》

あ行

アーリークロス

相《あい》手《て》陣《じん》地《ち》の浅《あさ》いところから上《あ》げるセンタリングのこと。ディフェンスラインが高《たか》いときに有《ゆう》効《こう》なキック。

イエローカード

悪《あく》質《しつ》、または危《き》険《けん》なファウルに対《たい》して警《けい》告《こく》を示《しめ》すカード。同じ選《せん》手《しゅ》が1試《し》合《あい》で2枚《まい》提《てい》示《じ》されると退《たい》場《じょう》になる。

インターセプト

相《あい》手《て》チームがパスしたボールをうばうこと。カウンターのきっかけになるので、ディフェンス時《じ》にはねらってみるとよい。

オウンゴール

誤《あやま》って自《じ》陣《じん》ゴールにボールを入《い》れてしまうこと。相《あい》手《て》に1点《てん》が加《か》算《さん》される。クリアミスなどで起《お》こりやすい。

オフサイド

オフェンス側《がわ》のプレーヤーが相《あい》手《て》陣《じん》地《ち》の深《ふか》い位《い》置《ち》で待《ま》ち伏《ぶ》せをすることを防《ふせ》ぐためのルール。

オフザボール

ボールを保《ほ》持《じ》していないオフェンス側《がわ》の選《せん》手《しゅ》、またはその局《きょく》面《めん》のこと。少《すく》ないリスクでシュートまで行《い》くには、ボールを持《も》っていない選《せん》手《しゅ》の動《うご》き方《かた》がとても重《じゅう》要《よう》になる。

オーバーラップ

後《こう》方《ほう》にいるオフェンス側《がわ》のプレーヤーが前《まえ》にいる味《み》方《かた》を追《お》い越《こ》して前《まえ》へ上《あ》がること。ボールを持《も》っている選《せん》手《しゅ》にパスの選《せん》択《たく》肢《し》が増《ふ》える、ディフェンスが引《ひ》っ張《ぱ》られる、数《すう》的《てき》優《ゆう》位《い》をつくれるなど多《おお》くのメリットがある。

か行

カウンター

相《あい》手《て》からボールをうばったら、縦《たて》にボールを運《はこ》び、すばやく相《あい》手《て》ゴールを目《め》指《ざ》すこと。相《あい》手《て》の守《しゅ》備《び》が整《ととの》う前《まえ》にシュートまで行《い》くことを目《もく》標《ひょう》とする。

カバーリング

ディフェンス時《じ》に味《み》方《かた》が抜《ぬ》かれたときに、すばやくそのスペースを埋《う》めること。ディフェンス時《じ》は目《め》の前《まえ》の相《あい》手《て》だけを見《み》るのではなく、周《しゅう》囲《い》の状《じょう》況《きょう》も見《み》ながらポジションを修《しゅう》正《せい》することが大《たい》切《せつ》になる。

くさび

攻《こう》撃《げき》を展《てん》開《かい》させるために入《い》れる前《ぜん》線《せん》の選《せん》手《しゅ》への縦《たて》パス。ポストプレーをするための縦《たて》パス。ディフェンスが密《みっ》集《しゅう》しているエリアなので、受《う》け手《て》の足《あし》元《もと》には、はやくて強《つよ》いパスで出《だ》す必《ひつ》要《よう》がある。

クリア

自《じ》陣《じん》深《ふか》い位《い》置《ち》にあるボールを、ゴールから遠《とお》ざけるために前《ぜん》方《ぽう》やピッチ外《がい》へけり出《だ》すこと。外《そと》に出《だ》すと相《あい》手《て》ボールになってしまうが、自《じ》チームの陣《じん》形《けい》を整《とと》えられるので、無《む》理《り》につなぐよりも安《あん》全《ぜん》といえる。

さ行

数《すう》的《てき》優《ゆう》位《い》

ある小《ちい》さな局《きょく》面《めん》で相《あい》手《て》チームよりもプレーヤーの数《かず》が多《おお》くなること。2対《たい》1や3対《たい》2

などオフェンス側《がわ》が多《おお》くなれば、必《かなら》ず1人《ひとり》はフリーになるので、少《すく》ないリスクで攻《せ》め上《あ》がることができる。

スルーパス

ディフェンスラインの背後《はいご》など、受《う》け手《て》が前《まえ》へ走《はし》らなければ届《とど》かない位置《いち》に出《だ》すパス。

センタリング

サイドからゴール前《まえ》へボールをけり上《あ》げること。精度《せいど》の高《たか》いボールを背《せ》の高《たか》い選手《せんしゅ》やポジショニングのよい選手《せんしゅ》がいるゴール前《まえ》へけることができればチャンスになりやすい。

た行

ダブルタッチ

足《あし》の内側《うちがわ》を使って右《みぎ》から左《ひだり》、左《ひだり》から右《みぎ》というように2回《かい》のタッチですばやくボールを動《うご》かすこと。相手《あいて》を抜《ぬ》くときのテクニックのひとつ。

トラップ

ボールを止《と》めること。次《つぎ》のプレーをしやすい位置《いち》にボールを置《お》くことは、コントロールということが多《おお》い。

な行

ニアサイド

ピッチを縦《たて》に2等分《とうぶん》したときに、ボールがある方《ほう》のサイド。またボールに近《ちか》い方《ほう》のポストをニアポストとよぶ。

は行

バイタルエリア

得点《とくてん》につながりやすいプレーが起《お》こるエリア。主《おも》にペナルティアーク周辺《しゅうへん》を指《さ》す。

ファーサイド

ピッチを縦《たて》に2等分《とうぶん》したときに、ボールがない方《ほう》のサイド。またボールから遠《とお》い方《ほう》のポストをファーポストとよぶ。

ポストプレー

オフェンス時《じ》に、相手《あいて》のバイタルエリア付近《ふきん》で相手《あいて》ゴールに背《せ》を向《む》けながらパスを受《う》け、ボールをおさめること。そこから周囲《しゅうい》の味方《みかた》へパスを出《だ》して攻撃《こうげき》を展開《てんかい》させる。

ポゼッション

自《じ》チームがボールを持《も》っている状態《じょうたい》。また、横《よこ》パスを多用《たよう》して、ボールキープ率《りつ》を高《たか》めながら攻《せ》める戦術《せんじゅつ》のこと。選手《せんしゅ》にはボールコントロールとポジショニングのよさが求《もと》められる。

ら行

ルーズボール

どちらのチームもコントロールしていない状態《じょうたい》のボール。空中戦《くうちゅうせん》などの1対《たい》1の競《せ》り合《あ》い後《ご》や、ボールがゴールポストに当《あ》たったときなどになりやすい。こぼれ球《だま》ともいう。

レッドカード

かなり悪質《あくしつ》、または危険《きけん》なファウルに対《たい》して警告《けいこく》を示《しめ》すカード。提示《ていじ》された選手《せんしゅ》は即《そく》退《たい》場《じょう》になる。

わ行

ワンタッチ

ボールを1回《かい》のタッチで、パスやシュートをすること。

ワンツーパス

2人《ふたり》のプレーヤーがワンタッチでパスを交換《こうかん》すること。最《さい》初《しょ》にパスをしたプレーヤーが前《まえ》に走《はし》り抜《ぬ》けると、目《め》の前《まえ》の相手《あいて》を置《お》き去《ざ》りにしてパスを受《う》け直《なお》すことができる。

■ 監修《かんしゅう》

malva《マルバ》 サッカースクール

多《おお》くのJリーガーや日本《にほん》代表《だいひょう》選手《せんしゅ》を輩出《はいしゅつ》。2022年には、バルセロナなど世界《せかい》の強豪《きょうごう》チームも参加《さんか》したU-12ジュニアサッカーワールドチャレンジで優勝《ゆうしょう》。指導者《しどうしゃ》の正解《せいかい》を押《お》し付《つ》けるのではなく、子供《こども》の個性《こせい》を伸《の》ばし「人間力《にんげんりょく》」を身《み》につけさせる指導《しどう》を心《こころ》がけている。

STAFF

モデル	malvaサッカースクール浦安校
撮影協力	fellows SPORTS　〒279-0024 千葉県浦安市港3番地
制　作	BeU合同会社
デザイン・カバー	シモサコグラフィック
写真撮影	志賀由佳・窪田 亮
イラスト	楢崎義信
企画・編集	成美堂出版編集部 原田洋介・池田秀之

DVD付き はじめてのジュニアサッカー

監　修　malva《マルバ》サッカースクール

発行者　深見公子

発行所　成美堂出版

〒162-8445　東京都新宿区新小川町1-7

電話(03)5206-8151 FAX(03)5206-8159

印　刷　広研印刷株式会社

ISBN978-4-415-33388-5

落丁・乱丁などの不良本はお取り替えします

価格はカバーに表示してあります